U0531017

杨大春　张尧均　主编

梅洛-庞蒂文集

第10卷

# 知觉的首要性及其哲学结论

余君芷　译

商务印书馆
创于1897　The Commercial Press

Maurice Merleau-Ponty

**Le primat de la perception et ses conséquences philosophiques**

本书根据 Verdier 出版社 1996 年版译出

国家社会科学基金重大项目成果

# 总　　序

　　梅洛-庞蒂被称为"哲学家的哲学家"。他非常自然地接受了法国哲学主流传统，其哲学内在地包含了笛卡尔主义和反笛卡尔主义之间、观念主义与精神主义之间的张力；与此同时，他创造性地接受了现代德语哲学传统的影响，含混地将3H（黑格尔、胡塞尔和海德格尔）和3M（马克思、尼采和弗洛伊德三位怀疑大师）的思想综合在一起。这一哲学其实处于现代哲学与当代哲学转折点上，并因此在西方哲学的主流传统中占据着一个非常独特的位置。梅洛-庞蒂对以笛卡尔哲学和康德哲学为代表的早期现代哲学的批判反思、对以身体哲学或实存哲学为核心的后期现代哲学的理论贡献以及对以结构-后结构主义为理论支撑的当代哲学的重大启示，已经毫无争议地把他推入著名哲学家之列。

　　梅洛-庞蒂哲学在汉语学术界的翻译和研究起步比较晚，尽管在新千年以来取得了较大的进展，新生的研究力量也在不断壮大，但从总体上看仍然难以让人满意。笔者于2014年初提出的《梅洛-庞蒂著作集编译与研究》选题有幸获得国家社会科学基金重大招标项目资助，这里陆续出版的梅洛-庞蒂主要著作就是该重大项目在翻译方面的成果。收入本文集的译作既包括新译，也包括重译和修订。我们希望通过各种努力，为梅洛-庞蒂哲学以及法国哲学的深入研究提供相对可靠的文献。需要说明的是，由于梅洛-庞蒂著作在风格上的含混性,由于一些作品是在他死后经他人整理而成的,翻译难度是非常大的,我们欢迎相关专家和广大读者提出建设性和批评性的意见和建议。此外,由于这些译作是由10多位学者完成的,虽然课题组进行了一些交流和协调,风格和术语选择上仍然不可能实现一致,这是需要学界和读者们谅解的。

德国学术界在胡塞尔著作、海德格尔著作的整理和出版方面有序推进,成果显著。法国学术界对梅洛-庞蒂著作的整理和出版也取得了相当大的进展,但还没有形成统一规划,至少没有出版全集之类计划。因此,我们在推出《梅洛-庞蒂文集》中文版时不可能参照统一的法文版。《文集》中文版将陆续出版梅洛-庞蒂生前已经出版或死后经整理出版的著述18卷,它们基本上反映了这位著名哲学家的思想全貌。梅洛-庞蒂于1961年突然英年早逝,留下了多达4000多页的手稿,它们大多是为他自己的研究和教学工作而作的准备,不是为读者写的,所以整理出版的难度非常大,从而进展缓慢。正因为如此,《文集》始终保持开放,在前述计划之外,未来将视情况翻译出版一些新整理出版的作品。

杨大春

2017年11月11日

#   目　　录

关于知觉的本性的研究计划(1933年) ………………… 1
知觉的本性(1934年) …………………………………… 3
知觉的首要性及其哲学结论 …………………………… 16
中法术语对照表 ………………………………………… 62
中法人名对照表 ………………………………………… 72
译后记 …………………………………………………… 74

# 关于知觉的本性的研究计划

（1933年）

在我看来，在神经学、实验心理学（尤其是精神病理学）以及哲学的当前状况中，重新研究知觉问题，尤其是本己身体的知觉问题将是颇有裨益的。

一种接受批判主义的影响的学说将知觉视为一种理智活动：一些非广延的所予——各种各样的"感觉"——通过这种活动被置于关系之中，并且获得了说明，以至于它们最终构成一个客观的宇宙。——被这样看待的知觉似乎是一门不完整的知识，它是一种间接的活动。

然而，格式塔理论学派在德国开展的各种实验研究却相反地表明，知觉并不是一种理智活动——在知觉中区分碎片化的质料和理智形式是不可能的；"形式"已经呈现在感性认识本身之中，而传统心理学中的那些碎片化的"感觉"是没有根据的假设。

另一方面，神经学的发展已经明确了神经系统的角色，神经系统的功能似乎越来越成为神经冲动的一种"传导"功能，而不再是一种"思想转化"功能。这一看法使神经学家不再在一些解剖学定位中去寻找各种心理功能的移印，并且在这一意义上使心理学摆脱了"平行论"。与此同时，它还阐明了各种"初生运动"——神经系统具有引起这些运动的功能,而且这些运动伴随着每个知觉——的作用:知觉因此被重新置于一种"运动框架"之中。视觉所予与触觉所予或肌肉感所予之间的相关,在一种受批判主义影响的观点看来,是由理智活动——记忆和判断——建立起来的;而在这里,这种相关似乎相反地是由神经系统的机能本身来保证的。并且,也是在这里,心理学家或许应该放弃关于由各种非广延的感觉构成的一个世界的想象,"感官的训练"通过把那些视觉所予逐步结合到那些触觉所予之中,将这个世界转变成了一个庞大的空间。

有必要更特别地研究关于"本己身体的知觉"的新近文献。——如果一般来说似乎难以区分感性认识的质料和形式,那么在涉及本己身体的知觉时,困难就还要更大,而广延性似乎明显地与感觉相一致。在精神病理学所提出来的众多其它问题之中,关于截肢者幻觉的问题有待被重新研究。

因此,这些意见以及其它类似的意见——如果一项关于诸文献的精确研究确认了它们的话——将要求我们重新回到关于传统的知觉概念的那些公设上面。恰好,英美的各种实在论哲学常常强调,在可感之物和具体之物中存在着不可还原为各种理智关系的东西。知觉的世界不会被视为相似于科学的世界。

总之,在哲学的当前状况下,有必要尝试对涉及知觉问题的那些实验心理学和神经学成果进行一种综合,有必要用反思来规定它们的确切含义,并且或许有必要改造一些通行的心理学和哲学概念。

# 知觉的本性

（1934 年）

  一项新的知觉研究看来已经被哲学研究和实验研究的当代发展证明为合理的：

  ——被一些新的哲学（它们质疑批判主义的主要观念，这些观念直至那时在心理学和知觉哲学中占主导地位）的出现，尤其是在德国的出现证明为合理的；

  ——被神经系统的生理学的发展证明为合理的；

  ——被精神病理学和儿童心理学的发展证明为合理的；

  ——最后，被德国的一种新的知觉心理学（格式塔心理学）的进展证明为合理的。

  在今年继续进行的研究的过程中，开展新的知觉研究的尝试在我看来更加被证明为合理的，因为，自拉舍利埃（"普拉特纳的观察"）和拉缪（《经典课程：关于知觉的课程》）的那些分析——阿兰的知觉理论正是受其启发——以来，以法语问世的著作，例如杜雷的两部论著（《知觉信念的实践因素》和《知觉的对象》）几乎没有提及这些新近的德语著作。

## 一、知觉生理学和知觉病理学

尽管如此，不管通过神经系统生理学还是通过精神病理学来着手进行这项知觉研究，看起来都还是不可能的。我曾经认为，二者应该通过详细说明"投射"和"联想"之间的关系，来让我们能够详细说明感性认识与理智的关系。然而，如果说冯·莫纳科夫的看法（它们被概括在莫纳科夫和穆尔格的《神经学与精神病理学研究的生物学引论》中）和"时间发生定位"的概念为实验提供了一些指导性的观念，那么它们似乎还没引起一些足以使人们可以借助大脑生理学来阐明知觉心理学的特殊研究。意味深长的是，皮埃隆的一般考察（《大脑与思维》）——在涉及"投射"这一方面是非常准确的——只能对各种联想现象以及它们与各个投射区域之间的关系提供一些假设性的指标。

至于病理学，它至少在法国无法更多地给出指导线索。凯尔西的论著（《关于幻觉的研究》第二卷：《临床研究》）最终没给这个对我们而言极其重要的问题——幻觉是不是一种没有对象的幻象，抑或仅仅是信念的减弱所偏好的一种"态度"——留下答案。我们在那里找不到任何有益于心理学（它使正常的知觉成为一种原始所予，或者相反，使正常知觉成为关涉整个心理活动的一种建构）的假设。瓦隆的博士论文（《儿童精神运动的和心理的发展之阶段及障碍》，1925年，后来以《好动的儿童》为题出版）从其它方面来看也不能提供一个决定性的导向。作者通过病理学的方法重构了从主观到客观的正常发展。但是，外部知觉的发生始终保持为隐藏的：它似乎尚未在"感觉运动阶段"出现；在紧接着的"投射阶段"，它似乎已经被完全构成了。这个投射阶段只是通过与某些癫痫的精神状态的类比才为我们所知的；然而癫痫儿童的世界会表现出不稳定性和不一致性，仿佛被卷入到了他的专横活动之中，但这仍然是一个世界，或者毋宁说是一团外部事物，而且我们并没有目击到这种外在性的发生。

可是，神经生理学和病理学应该针对两点提供一些非常重要的信息。一方面涉及一些"定位反射"（皮埃隆），另一方面涉及一些实体感觉缺失以及，更一般地，一些失认症。但是，即便在损伤的特性特别有利于病灶的定位的案例——例如盖尔布和戈尔德斯坦《大脑病理学案例的心理学分析》第一卷第一章中的子弹或小弹片造成的损伤的案例——之中，也需要注意到，推测总是从一些可观察的感觉的或心理的障碍通向一些仅仅被假设的定位。盖尔布和戈尔德斯坦由此得出结论说：在进行任何的生理学解释的尝试之前，首要的任务是要对病态的行为做出尽可能精确的描述。但是，为了分析病人的意识而做的各种实验，显然受到了关于正常知觉的心理学的那些指导观念（在盖尔布和戈尔德斯坦的案例中，是格式塔心理学的指导观念）的启发。因此，我们重新回到了正常心理学——哪怕要让它的观点接受病理学事实的严格检验。

## 二、知觉哲学

然而，知觉心理学充满了各种哲学预设，它们是伴随一些表面上最简单的概念——感觉、心理形象、回忆（它被理解为一种永久存在)的概念等等——被引进来的。即便我们的意图并不在于探究那些最终的知觉问题(即探究感性认识中的真理的意义),如果不求助于知觉哲学,关于心理学问题的阐明也是不完整的。因此,我们今年的一部分工作已经致力于这种阐明。

胡塞尔的现象学为我们带来了一种双重的好处:

1) 按照胡塞尔所赋予它的最严格的意义,现象学(先验的现象学,或者说"构造的"现象学)是一种新哲学。对于它而言,首要的问题并不是认识的问题,不过,它产生了一种绝对不同于批判主义的认识理论(芬克:"当代批判中的胡塞尔现象学哲学",载《康德研究》,1933年)。①

2) 人们听闻胡塞尔对心理学漠不关心。实际情况是,他维持他先前对"心理主义"进行的各种批判,并且始终坚持"还原"——我们经过还原从自然态度(它乃是心理学以及所有实证科学的态度)过渡到先验态度(它乃是现象学哲学的态度)。这种态度的差异足以在例如对知觉的现象学分析和对相同主题的心理学分析之间确立一条非常清晰的界线。

然而,胡塞尔自己给出的正是对知觉的心理学分析的例子(《纯粹现象学和现象学哲学的观念》第二卷),此外他还明确地将现象学和心理学之间的关系比作数学和物理学之间的关系(同上

---

① 参见列维纳斯:《胡塞尔现象学中的直观理论》(Vrin 出版社,1978[原注]);古尔维奇:"胡塞尔的现象学"("德国现象学哲学:埃德蒙德·胡塞尔",载《形而上学与道德杂志》,1928年,第553至597页;后来被收入《德国哲学的当前趋势》,Vrin 出版社,1949[原注]);埃林:《现象学与宗教哲学》(Alcan 出版社,1925[原注]),以及胡塞尔:《笛卡尔式的沉思》(Vrin 出版社,1953[原注])(此为添加在已经写好的文本边上的注释)。

书,第一卷,第二章),并且期待着从他的哲学中开展出对心理学原理的一种革新(参《观念》第一卷第二章以及上文所引芬克的文章)。那些专门是现象学的分析,例如在《年鉴》中已经发表的对回忆和图像的分析(如芬克:"回忆与图像",载《哲学与现象学研究年鉴》第十一卷)对于心理学并不是没有后果的。

但是,我们应该坚持这一事实:这些分析并不旨在替代心理学。这涉及的革新不是一种侵犯。这涉及的是在心理学自己的领地上革新心理学,是通过一些分析(它们确定诸如"表象"、"回忆"之类基础本质的始终不确定的意义)使它自己的那些方法具有活力(林克:"运动知觉问题中的现象学与实验",《哲学与现象学研究年鉴》第二卷。——同一作者:《知觉理论的基本问题》,慕尼黑,1918年)。现象学明确区分"本质的"方法和"归纳的"(也就是实验的)方法,并且从来没有否认后者的合法性。

因此,我们不应该诧异于现象学运动甚至已经启发了一些实验的研究(例如林克:"动景错觉与运动视觉问题",载《心理学研究》第三卷,第499页)。人们已经能够肯定(古尔维奇:"关于主题和纯粹自我的现象学",《心理学探究》,1929年):胡塞尔的那些分析通向了格式塔心理学的大门。最终说来,人们仍然在一种非常宽泛的意义上,将任何"描述的"心理学称为现象学。

现象学运动对于心理学的重要性在法国只被普拉迪纳指出来了(《感觉哲学》第一卷,尤其参"导言")。他指责从休谟到柏格森的哲学家们过于经常地将意识还原为各种"印象"之和(甚至在康德那里,至少认识中的"质料"也属于这一类型的某种东西)。结果,在上述哲学家当中那些最重要的哲学家那里,空间性以及一般的"含义"在意识中成为第二位的、获得的。然而,对于普拉迪纳而言,如果那些高级的感觉——在它们的器官结构方面,它们与混合了情感的那些感觉本质上是不同的——从一开始就不是"有距离的感觉",也不给我们意指一个"对象",那么它们的出现在生物学上就是一件荒谬的事情。这种感觉哲学可以被视为胡塞尔所论述的"意识的意向性"主题的一种心理学应用。

因此,现象学和它所启发的心理学值得高度的关注,因为它们能够帮助我们修正意识和感觉的概念本身,帮助我们不一样地构想意识的"划分"。

## 三、知觉的心理学

尽管如此,我们今年很大一部分的工作已经致力于格式塔心理学。从前的心理学将各种感觉设定为意识的原初所予——人们假定那些感觉与各个感觉器官的部位刺激点对点地对应,以至于一种给定的刺激总是产生同样的感觉(恒常性假设[Konstanzannahme],参赫尔森:"知觉理论研究 I:语境清晰理论",载《心理学评论》,1932 年 1 月;苛勒:《格式塔心理学》,纽约和伦敦,1929年)。从这些所谓的"所予"出发,为了与我们实际知觉到的那样的事物图表相吻合,有必要推测记忆、知识、判断对各种感觉——"形式"对"质料"——的"转化",即一种从主观的"镶嵌"(韦特海默)到客体世界的过渡。我们所关注的学派通过被称为格式塔的心理因素部分地说明了从前的心理学求助于解释或求助于判断的东西。格式塔是感觉场(它使各种所谓的"元素"依赖于本身被连接在一些更广大的全体之中的某些"全体")的一种自发构造。这种构造不像一种存在于异质的质料之中的形式；不存在无形式的质料；只存在一些或多或少稳定的、或多或少被连接起来的构造。但是，这些界定只是抽象地概述了我们根据两个主要方向所能跟进的实验研究：

### 1. 客体

我们的日常知觉不是对各种质性之镶嵌的知觉，而是对各种不同客体之集合的知觉。根据传统的心理学，使得场域的一部分这样被切分和区别的东西，乃是对先前的经验的回忆，是知识。对于格式塔心理学而言，一个客体不是通过其"含义"才凸现出来的，而是因为它在我们的知觉之中拥有一种专门的结构："背景上的图形"结构。人们要确定对于产生"图形"结构而言既必要又充分的、不依赖于意志和理智的各种客观条件（例如，为了让几个点被看作一个图形、一个群集所需要的最大和最佳距离——韦特海默）。人们分析这种通过某些可感属性获得界定的结构本身：例如，背景颜色的差别阈限比形状的差别阈限更高。根据盖尔布和戈尔德斯坦的看法，某些精神性眼盲——人们把它解释为不能将各种适当的回忆"投射"到感觉上——毋宁是刚刚被指明的那些结构过程的一种紊乱。

（参苛勒:《格式塔心理学》，第一卷，八开本，伦敦和纽约，1929年。——"格式塔心理学的一个方面"，收入默奇松的《1925年的心理学》。"格式塔心理学的一些任务"，收入默奇松的《1930年的心理学》。——哥德沙尔特:"论经验对图形知觉的影响"，载《心理学探究》,第 8 卷,1927 年。——桑德斯:"格式塔心理学的实验结果",第十届实验心理学大会上的报告,1927 年。——盖尔布和戈尔德斯坦,前引著作。)

这种"图形与背景"结构本身只是感觉场的自发构造的一种特殊情况。更一般地,应该说,原始的知觉毋宁基于一些关系而不是基于一些孤立的项——即一些可见的而非被构想的关系(苛勒:"对黑猩猩和母鸡的光学研究",1915 年;"黑猩猩和母鸡的简单结构功能的证据",1918 年)。这些观点使得韦伯定律更加容易理解,它们反过来又从它那里获得确认:各种被意识到的变化——它们与刺激物的连续变化相对应——的不连续性,通过某些结构定律(均等律、加强律)获得说明,并且最终作为韦特海默确立的关于"完形"的一般定律的特殊例子而出现(考夫卡:"知觉:格式塔理论导论",《心理学通讯》,第 19 卷,1922 年。桑德斯,前引著作)。

## 2. 空间与运动

理智主义对于空间知觉的理解尤为混乱和复杂:例如一个客体的距离被归为一种即时的判断,这一判断基于诸如表观大小或视网膜像差等特征,并且由此推出我们为了触摸到这个客体要走的步数。空间不再是视觉的对象而是思维的对象。然而对于"像差"的一种非常深刻的批评(考夫卡:"空间知觉的一些问题",载《1930 年的心理学》)导致人们承认:即便像差是对深度的知觉的一个条件,它也不是一个判断的契机,而是一个神经进程——我们只能以深度印象的形式认识到这种进程的被意识到的结果——的原因。实际上,深度知觉是一种结构现象,与我们前面指出来的那些现象相似。尤其能够表明这一现象的是，在透过一个更近的客体看另一个客体的情形中，我们可以通过改变周围场域的颜色，随意地形成或取消深度视觉（参考夫卡，同上；图多-哈特："透明性、形状和颜色的研究"，载《心理学探究》，1928年）。在这里，格式塔心理学再次处于一种情形中，它解释那些在它出现之前所获得的重要研究成果，即舒曼及其学派阐明知觉中空间质性的存在的那些成果（舒曼、富克斯、卡茨、杨施、德·卡尔品斯卡等等，载《心理学与感觉器官生理学杂志》》①）。虽然这些研究能够对拉威勒的著作（《深度的视知觉》，斯特拉斯堡，1921年）产生某些影响，虽然普拉迪纳就它们给出了一套文献目录，它们本身在法国仍然是鲜为人知的；德让小姐的博士论文（《视觉距离的心理学研究》，巴黎，1926年）尽管也试图确立距离是视觉所固有的，却并没有提及上述研究。

既然我们总是通过显示在视网膜上的东西来判断我们所看见的东西，既然那些在深度上层次不同的点投射到视网膜的一个单一平面上，我们完全应该假定，主体重构了深度，推断出了深度，而

---

① 舒曼："空旷空间的表象：一种新的感觉"，载《心理学与感觉器官生理学杂志》，第85期，1920年；舒曼："视觉空间中的前后置"，载《心理学与感觉器官生理学杂志》，第86期，1921年，第277页；富克斯："对从同一视角同时观看前后置的研究"，《心理学与感觉器官生理学杂志》，第91期，1923年，第8章；杨施：《论空间知觉》，参《补充卷》第6卷，1911年；德·卡尔品斯卡："对深度知觉分析的实验贡献"，载《心理学与感觉器官生理学杂志》，第57期，1910年，第44页及以下；亨宁："光学的前后置和内置"，载《心理学与感觉器官生理学杂志》，第86期，1921年；卡茨："论颜色的外观"，参《补充卷》第7卷，第209页；施通普夫："面部感觉的属性"，载《普鲁士皇家科学院论文集》，1917年，哲学历史类，第8卷，第67页；霍夫曼："对感觉概念的研究"，载《整全心理学档案》，第26卷，1923年，第112页及以下；等等。——（原注：根据上面提到的普拉迪纳的文献目录。）

不是看到了深度。相反地,并且出于同一个理由,我们在对宽度和高度的直接知觉中却没看到什么困难。然而,我们目前不再有理由将深度视为派生的和后来的。我们或许甚至应该从深度中看到一种比对各个表面的知觉模式更加简单的知觉模式。盖尔布和戈尔德斯坦(前引著作,第一卷,第334-419页,"论表面颜色知觉的消除")表明,表面颜色视觉是一种相对脆弱的构造,它在某些病理学情况下很容易被改变,并因此让位给一种"厚度"颜色视觉——它们越是有厚度就越是不清晰。(关于清晰——或者更准确地说,透彻(Eindringlichkeit)——与表观厚度之间的关系,参见阿克曼,《心理学探究》,1924年,以及图多-哈特,前引文章。)

另外,根据高度和宽度对我们的空间知觉进行的直接研究,已经揭示出了一些结构现象。以往的心理学曾说,通过对我们的视网膜经线、对我们的头部和我们的身体的轴线的心理参照,"垂直"、"水平"或"倾斜"等特征被赋予给视觉场的各条线路。相反,对于韦特海默来说("视觉运动的实验研究"附录,载《心理学与感觉器官生理学杂志》,1912年),我们的感觉场的一些重要的点(一些"锚定"点)作为一个"空间层面"起着规定作用,而场域的那些线路不加判断、不用比较,就直接受到"向高"、"向低"的各项指标的影响。人们通过实验来确定平衡的破坏或者这一层面的改变,而且人们证实,在这些情形中绝不涉及一种理智的运作、一种坐标系的改变。

仍然是通过一系列有计划的实验,同一位作者在所谓的"动景"运动中揭示了一种"纯粹的运动",一种没有运动物的运动。因此,我们的运动知觉不能够被看成是对两个被单独知觉到的点之间越来越大的距离的估算,被看成是物理学家所定义的那种运动。应该坚持这一个事实:在这一分析以及前面的那些分析之中,格式塔心理学家的整个兴趣都放在他们的原理所使之可能的那些实验之上,而我们在此不能对它们做出说明。这与急匆匆地诉诸于"特殊"(sui generis)完全不一样(韦特海默,前引著作)。

这些评论并不企图穷尽格式塔心理学对知觉空间的分析。我们特别考察了一些新的评论,格式塔心理学将这些评论归到传统的类别当中。但格式塔心理学也已经打开了一些新的篇章,例如关于我们的知觉所固有的素朴静力学的新篇章(苛勒:《高等猴类的智力》)。

## 3. 格式塔心理学与童年心理学

最新的一些研究,尤其是关于儿童的动景运动研究(梅理和托布勒:《心理学档案》,1931—1932 年)所证实的儿童的"混合知觉"的观念(克拉帕列德,1908 年),与相反地表明在儿童那里有一种对细节极其灵敏的知觉的一些观察相冲突。格式塔的概念似乎能够使我们公正地对待这两个系列的观察。因为(梅理:"儿童知觉与格式塔心理学",《心理学档案》,第 23 卷,1931—1932 年)混合知觉,即对一致的整体的知觉,与分析知觉(并置的各种细节在那里独自存在)不像人们常常认为的那样是互相对立的,而是二者都对立于成人的结构化的知觉(在此各个集合被连接起来,各种细节被组织起来)。

然而,儿童的知觉已经被组织起来了,但以它自己的方式。格式塔心理学为心理发生提出来的一条原则是:发展并不是通过单纯的添加或增加，而是通过重组达成的（考夫卡：《心理发展的基础》，第一卷，8开本，1921年，以及《心理学期刊》，1924年）。就涉及知觉而言，它并不从印象的一种镶嵌出发，使一个世界——在其中客体彼此关联——显现，而是以一些笨拙地或不一样地连接起来的集合为起点，使一些更好地衔接起来的集合显现。如此我们便与皮亚杰的一些观察（《儿童对世界的表象》）会合了，这些观察是皮亚杰自己的用语始终不能准确地表达出来的。例如，如果我们说儿童对世界的知觉是"自我中心的"，这个说法在如下这种意义上是有效的，即儿童的世界无视成人的最简单的客观性标准。但是，无视成人的客观性恰恰不是在己地生活，而是实践一种没有尺度的客观性，并且自我中心主义这一说法不应该暗示一个古老的观念：被封闭在"自己的各种状态"中的意识的观念。相反，纪尧姆的观察（《心理学期刊》，1924年）指出了一种适应空间的行为的早熟性。瓦隆似乎根据传统的观点，将客观知觉的生成构想为一条从内在之物通向外在之物的道路（瓦隆："儿童从形象到实在的过渡"，《哲学杂志》），他在其最新著作中不言明地给予这个论题一些限制（《儿童性格的起源》），因为他看到儿童——似乎从三个月或四个月大开始（第176页），也就是在"一方面是内感受和本体感受区域，另一方面是外感受区域，二者之间的髓鞘开始融合的同时"（第176页）——"转向一个刺激源，转向一个运动动因，并且迷恋于体验其不同的可能性"（第180页）。

## 4. 格式塔心理学与认识理论

这一关于意识内容的全新概念在感性认识理论中具有一些重

要的后果。这些后果还没有被很好地清理出来。在格式塔心理学内部,这个问题从未获得讨论。人们采取所有心理学都采取的态度:区分事物世界和内在意识。意识的构造或结构化通过中枢神经的生理现象获得说明(韦特海默的"横向"现象,参前引著作),这些现象的存在此外也是广受争论的。在格式塔心理学之外,有人已经提出,认识的问题以它曾经摆在康德面前的方式,摆在这个学派面前(古尔维奇,前引著作)。我们认为,应该指向的是一种非常不同于康德的解决方案。

# 知觉的首要性及其哲学结论

莫里斯·梅洛-庞蒂先生
向学会提供了如下内容简介

## 1. 作为意识的原初样式的知觉

心理学家对知觉进行的无偏见的研究最终表明,被知觉的世界并不是客体(就各门科学给予这个词的意义而言)的总和,我们与它的关系并不是一个思考者与一个被思考的对象之间的关系,最终说来,好些意识都对之达成一致的被知觉事物的统一,不能被认为相似于好些思考者都承认的一条定理的统一,被知觉的实存也不能被认为相似于观念的实存。

因此,我们不能将形式与质料的传统区分应用到知觉之上,也不能将知觉的主体构想为"解释"、"辨识"或"安排"感性质料的意识(它拥有感性质料的观念法则)。质料"含有"自己的形式,这就等于说,归根结底,任何知觉都发生在某个视域中、最终说来发生在"世界"中,它们两者毋宁是在实践中被呈现给我们的,而不是被我们明确地认识和设定的,而且最后,知觉主体与世界之间的可以说有机的关系，原则上包含着内在性与超越性之间的矛盾。

## 2. 这些结论的推广

这些结论仅仅具有心理学描述的价值吗？如果我们能够将一个观念世界叠加在一个被知觉世界之上，情况就会是这样。但实际上，我们所赞同的观念仅仅对于我们生命的一段时间或者对于文化的一个历史时期有效。明见性从来都不是绝然的，思想也不是无时间的，尽管在客观化方面存在着进步，尽管思想总是对于不止一个瞬间有效。观念的确定性并不为知觉的确定性奠基，而是取决于知觉的确定性，因为正是知觉经验告知了我们从一个时刻到另一个时刻的过渡，并且带来了时间的统一。在这种意义上，任何意识都是知觉意识，即便是对我们自身的意识。

## 3. 结论

被知觉世界就会成为任何合理性、任何价值和任何实存始终预设的基础。一个这种类型的概念既不会破坏合理性，也不会破坏绝对。它寻求使它们脚踏实地。

## 报告会记录

报告会在 D. 帕罗迪先生的主持下于 16 点 30 分召开。

帕罗迪先生：女士们，先生们，在宣布本场报告会开始之际，我要沉痛地悼念我们的同事和朋友保罗·穆伊，他像我们去年痛失的、穆伊的同事夏尔·赛吕一样,突然离我们而去。所有认识穆伊的人都对他记忆犹新:他是一个认真、谦逊、审慎、可靠的人。他的学生非常了解他,他们爱戴他,完全信任他。我们在座所有人,尤其是我本人,钦慕他学识的坚实和奉献领域的广博。实际上,我欠他一个特别的感谢,因为在涉及学会和杂志的诸多繁杂的行政琐事方面,他总是直爽地、最完全忠实地帮助我。穆伊将长久地活在我们的记忆中。

现在有请梅洛-庞蒂先生发言。

**梅洛-庞蒂先生**:如下这些看法的出发点可能是这样的:被知觉世界包含着一些关系,并且一般地说包含着一种构造,它们在传统上并没有获得心理学家或者哲学家的承认。

如果我们考虑我们在知觉的客体中的一个,并且在这一客体中考虑我们看不见的面中的一面;甚或,如果我们考虑在这一时刻并不在我们的视觉场中的那些客体,在我们背后经过的客体;甚或,考虑在美洲或者在对蹠点经过的客体,那么我们应该如何描述那些不在场的客体的实存或是各个在场的客体的那些不可见部分的实存呢?

我们是否会像心理学家经常说的那样说,我表象这盏灯的没有被看见的面?如果我说这些没有被看见的面获得了表象,言下之意便是它们并没有被把握为是现时地实存着的,因为那个被表象者此时并不在我们面前,我没有现时地知觉到它。它只是一种可能。然而,这盏灯的不是想象中的、而是处在我所看到的面背后的面(我只需稍微移动一下就能看见它们),我不能说它们获得了表象。

　　我是否要说，这些没有被看见的面，被我以某种方式预期为一些知觉——鉴于客体的法则，如果我移动的话，它们就必然会产生出来？如果，例如，我注视一个立方体，认出了几何学定义的那样的立方体的结构，在我围着它转的时候，我能够预期这个立方体会给予我的这些知觉。在这一假设中，没有被看见的那一面会被认识为我的知觉的某种进展规律的结果。但是，如果我参照知觉本身，我就不能这样来解释它，因为这一分析可以被这样表述：这盏灯具有一个背面，这个立方体具有另一面，这是真的。然而"这是真的"这一表述并不对应于在知觉中被给予我的东西——知觉不是提供给我一些像几何学那样的真理，而是一些在场。

　　没有被看见的那一面被我把握为在场的，而且我并不是在说"问题的解决办法存在"的意义上断定灯的背面存在。被隐藏起来的面以自己的方式在场。它与我邻近。

　　如此，我不应该说，客体的没有被看见的各个面只是一些可能的知觉，也不应该说它们是一种几何学分析或推理的必然结论。把客体不可见的面连同其可见的面一齐给予我的这一综合——它从被给予者导向那并非现时地被给予的东西——不是一种随意地设定整个客体的理智综合，它可以说是一种实践综合：我能够触摸这盏灯，不仅仅从它朝向我的那一面，而且还能够从另一面；我伸手去抓它就够了。

　　对于知觉的传统分析，将我们的整个体验都敉平在一个单一的平面上，出于充分的理由被判断为真正的存在者的平面上。当我相反地考虑我的知觉的周遭时，这一周遭向我揭示了另一种模态：它既不是几何学家的理想的、必然的存在，也不是单纯的感性体验，即"被感知者"（le "percipi"）。这种模态正是现在我们要研究的。

这些关于被知觉者的周遭的看法教会我们更好地观察被知觉者本身。我知觉我面前的一条路或一座房子，我知觉到它们具有某种大小；这条路是一条小路或者是一条国道，这座房子是一座简陋的小屋或者一座农庄。这些辨别预设我认出的客体的真实大小，非常不同于客体根据我所处的观测点向我显现出来的大小。人们常说我从表观大小出发，通过分析和推测来重建真实的大小。这是不准确的，因为如下这一非常有说服力的理由：人们谈论的表观大小并没有被给予我。这是一个十分值得注意的事实：那些无知的人并不怀疑透视，而人们要看出各个客体的一种透视变形，需要大量的时间和反思。因此，并不存在从符号到所指的辨识和间接推断，因为那些所谓的符号并没有单独被给予我。

同样，我从周遭的或者光线的颜色——在大部分时间里，它并没有被给予我——出发来推断一个客体的真实颜色也不是真实的。在我们所处的这个时刻，因为日光仍然通过各扇窗户照进来，我们知觉到了非自然光线的黄色，而且它改变了客体的颜色。但当日光减退后，这种黄色就将不再被知觉到，并且我们会看到客体差不多处在它们真实的颜色中。因此，如果考虑光线，那么真实的颜色就不是被推演出来的，因为它恰恰是在前者消失的时候出现的。

如果这些看法是正确的，我们会达到什么结果呢？应该如何理解我们所力求理解的这个"我知觉"呢？

我们同时将看到，不可能像人们常说的那样分解一个知觉，让它成为一些部分或者一些感觉的组合，因为在它那里，全体是先于各个部分的，——并且因为，这个全体不是一个观念的全体。归根结底，我所发现的含义不属于概念：如果它属于概念，问题将会是知道我如何能够在各种感性所予中认出它来；并且我应该在概念和可感者之间放置一些居间的东西，然后在这些居间的东西之间又放置一些居间的东西，以此类推。含义和各个符号、知觉的形式与质料从一开始就应该是有联姻的，并且正如有人所说的，知觉的质料"含有自己的形式"。

换另一种说法，将被知觉客体组合到一起以及将一个意义分配给知觉所予的综合，并不是一种理智的综合：我们用胡塞尔的话说，这是一种"转移的综合"（synthèse de transition）——我预期灯的没有被看见的那一面，因为我能够将手伸向那里——，或者甚至是一种"视域的综合"：没有被看见的那一面向我展示为"别处可见的"，既是在场的，又仅仅是即将在场的。使我不能将我的知觉视为一种理智行为的，正是以下这一点：一个理智行为会将客体或者把握为可能的，或者把握为必然的，而在知觉之中，客体是"实在的"；它呈现为一个无穷系列的视角的无穷总和，其中每一个视角都关涉到它，但没有哪一个视角能够穷尽它。这个客体根据我所在的位置而向我呈现其形状的变化，这一点并不是偶然的，这正是它能够成为"实在的"的代价。因此，知觉的综合应该由这样的东西来实现：它既能够在各种客体中划定只是现时地被给予的某些透视侧面，同时又超越这些侧面。这种具有一个视角的主体，就是我的作为知觉场和实践场的身体，因为我的各种姿势具有某个范围,这些姿势将那些对我来说熟悉的客体的集合划定为我的领域。知觉在这里被理解为对一个全体的参照,原则上,这个全体只能通过它的某些部分或者某些方面才能够被把握。被知觉事物不是被理智所占有的一个观念统一体(比如就像一个几何学概念),而是一个向着由无穷多视角构成的视域敞开的整体,——这些视角根据某种样式彼此交叠,这种样式规定着所关涉的物体。

因此,知觉是一种悖谬,被知觉事物本身是悖谬性的。它只有在某个人能够察觉到它的情况下才实存。我甚至一刻都不能想象一个在己的客体。正如贝克莱所说的,如果我尝试想象世界上人迹未至的某个地方,我对这个地方的想象本身就把我带到它面前;因此,我无法构想一个可知觉的地方,在其中我自己是不在场的。但是,我所处的那些地方本身却从来没有完全被给予我,我所看到的那些事物,只是在它们始终退隐到它们可把握的那些侧面之外的情况下,对我来说才是事物。因此,在知觉当中存在着一种内在性与超越性的悖谬。内在性,因为被知觉者不会与知觉者不相干;超越性,因为被知觉者始终包含有对于现时地被给予者的一种超越。知觉的这两个要素严格来说不是矛盾的,因为如果我们思考透视这个概念,如果我们在思考之中再现透视的经验,我们就会看见,被知觉者本己的明证,即"某物"的显现,不可分割地要求这种在场和这种缺席。

最终说来,世界本身按照初步估算是各种可知觉事物之整体、是全部事物之事物,它不应该被理解为数学家或物理学家所说的意义上的一个客体,也就是说不应该被理解为覆盖了所有局部现象的一条独一无二的法则,或者在所有局部现象中获得了证实的一种基本关系,而是应被理解为任何可能的知觉的普遍方式。这里应该对这个世界概念进行说明,它是康德的整个先验演绎的线索,康德却没有向我们指出其来源。"如果一个世界应该是可能的",他有时这么说,仿佛他先于世界而思考,目击它的发生,并且能够先天地为它确立各种条件。实际上,正如康德自己深刻地说过的,只是因为我们自己首先有对于世界的经验,我们才能思考世界;正是通过这一经验,我们才具有关于存在的观念,正是通过这一经验,那些关于合理和实在的词才同时获得了一种意义。

如果我现在不思考对我而言怎么会存在着一些事物这个问题,或者我怎么会具有一种统一的、独特的、延续的知觉经验这个问题,而是思考我的经验怎么会与其他人对于一些相同的客体的经验联系起来的问题,那么知觉将仍然显示为一种悖论性的现象,它使存在对我们来说变得可通达了。

如果我将自己的各种知觉视为一些单纯的感觉,那么它们就是私人的,它们只不过是我的。如果我将它们当作一些理智行为,如果知觉是一种精神审视,而被知觉的客体是一种观念,那么我们,你和我,所谈论的世界就是同一个世界,交流就理所当然地在我们之间,因为世界变成了观念的实存,就像毕达哥拉斯定理一样,它在我们所有人这里是一样的。但是,这两种方式中没有哪一种能够说明我们的经验。如果我们,我和一个朋友,在一道风景面前,如果我尝试着向我的朋友指出我看到而他还没看到的某种东西,那么我们不能够通过说"我在我的世界里看见某个东西,我通过一些语言信息试图在我朋友的世界中引起类似的知觉"来说明这种情景;不存在数量上有区分的两个世界和一个仅仅把我们联合起来的语言中介。存在着一种要求——如果我着急的话,我完全会感觉到它是一种要求:被我看见的东西要被他看见。但与此同时,这种交流被我所看见的事物本身所要求,被它上面反射的阳光、被它的颜色、被它的可感明证所要求。事物不是作为对每一个理智而言都是真实的而被我们接受,而是作为对每一个参与到我的处境中的主体而言都是实在的被我们接受。

我永远不会知道你们是怎么看到红色的,你们也永远不会知道我是怎么看到红色的;但意识之间的这种分离只有在交流失败后才会被认识到,并且我们最初的意念是相信我们之间的一种共有的存在。不能将这种原初的交流看作一种假象(这正是感觉主义的做法),因为,正是因此,它将变成无法解释的。也不能将这种交流建基在我们对同一个理智意识的共同分有之上,因为这将取消意识的不容置疑的多元性。因此,通过他人知觉,我应当处于与另一个我的关系之中,这另一个我原则上与我一样向同样的真理敞开,与我一样处于与同样的存在的关系之中。而这种知觉获得了实现,在我的主体性的深处,我看到另一个被赋予了同等权利的主体性出现,因为在我的知觉场中,展现出了他人的举止,即一种我能理解的行为,并展现出了他人的言语,即一种我赞成的思想;而且因为这个他者——这个在我的各种现象中间诞生的他者——根据我自己经验到的各种典型举止来处理这些现象,从而把它们据为己有。我的身体作为我在世界上的支撑点系统,为我知觉到的客体的统一奠基;同样,他人的身体由于是各种符号行为和真实行为的载体,因而摆脱了作为我的诸现象之一的状况,向我提出了一项真实交流的任务,并且把主体间的存在或客观性的全新维度赋予我的各种客体。这些就是匆忙地概括出来的关于被知觉世界的描述的诸要素。

我们的一些同事非常愿意以书面形式告诉我他们的意见,他们同意我说,这一切作为心理学清点是有效的。但是,他们补充道,还剩下这个人们说它是真实的世界,也就是说,认识的世界、被证实的世界、科学的世界。他们认为,心理学的描述只涉及我们的经验的一个小小的区域,没有必要将一种普遍的意义赋予这样一些描述;它们不涉及存在本身,而仅仅涉及知觉的各种心理学的独特性。他们还补充道,这些描述因为发现了被知觉世界中的一些矛盾,从而更不会最终被接受。他们继续说道,如何认识到一些矛盾是最终的?知觉经验是矛盾的,因为它是含混的;应该对它加以思考;当我们思考它时,它的那些矛盾会消失在理智之光下面。最后,一位通信者对我说,我们被要求去参照我们所经历的被知觉的世界。这就是说,无需反思或思考,知觉比我们更知道它在做什么。这种对反思的否认如何能够成为哲学呢?

确确实实,当我们描述被知觉世界时,我们会导致一些矛盾。同样确确实实的是,如果存在一种不矛盾的思想,它就会把知觉的世界当作简单的表面现象排除出去。只是,问题恰恰是要知道,是否存在一种逻辑上一致的思想,甚或一种关于纯粹存在的思想。这就是康德提出的问题,并且我刚才所概述的异议是一种前康德的异议。康德的发现——人们尚未停止从中引出结论——之一,难道不正是我们的世界经验完全是由一些概念编织而成的吗?如果我们想在绝对的意义上理解它们,或是将它们移转到纯粹存在之中,它们就会导向一些不可克服的矛盾;然而,它们构成我们所有的现象的结构、任何对我们而言能够存在的东西的结构。康德哲学本身并没有充分地利用这条原则,它对经验的研究和对独断论的批评仍然是片面的。对这一点的证明太过冗长,再者,这也是众所周知的。我只想指出,对于矛盾的指责并不是决定性的,如果被确认的矛盾是作为意识的条件而显现的话。正是在这一意义上,柏拉图和康德——仅就他们而言——接受了芝诺或者休谟不愿意接受的一些矛盾。存在着一种无效的矛盾,它就在于肯定在同一时间同一方面相互排斥的两个论题。也存在着一些哲学,它们指出在时间和所有关系的核心本身中出现的矛盾。存在着形式逻辑的徒然的非矛盾和先验逻辑的各种有根据的矛盾。除非我们在面对被知觉世界时,能够建立一个摆脱了它的各种矛盾的永恒真理的系统,否则我们所讨论的异议看起来是不可接受的。

我们愿意承认,我们刚才概述的关于被知觉世界的这种描述不可能自给自足;而只要我们把知性所思考的关于真实世界的观念原封不动地放到一边,这种描述就显得像是心理学的新奇之物。因此,这就把我们带向了我们提议考察的第二点:理智意识和知觉意识之间是什么样的关系?

在着手谈论这一点之前,让我们先就人们很想对我们提出的另一个异议——"您回到了未经反思者;您因此放弃了进行反思"——说几句。确实,我们找回了未经反思者。但是,我们回到的未经反思者,并不是先于哲学或先于反思的。它是通过反思来理解和赢得的未经反思者。被单独留下的知觉遗忘了自己、不知道它自己的各种实现。哲学远非向我们显现为对生活的一种无用的重复,相反,它对我们而言是一种要求,没有这一要求,生活就在对自身的无知中或在混乱中消散。但是，这并不意味着反思应该任意驰骋或是装作不认识其起源。它正是在逃避各种困难的时候错失了自己的任务。

现在我们是否应该推广说：知觉中为真的东西在理知的范围内也是真的，并且我们的整个经验、整个认识以一种普遍的方式包含着我们已经相信能够在知觉经验中找到的相同的基本结构、相同的转移综合、相同类型的视域？

有人可能会把这一看法与绝对真理或者科学知识的明证性对立起来。但在我们看来，科学哲学的各种成就证实了知觉的首要性。本世纪初法兰西学派的各种工作和布伦茨维格的整个作品，难道不是表明了科学知识不能自身封闭、它始终是近似的知识、它就在于阐明一个我们永远不能停止进行分析的前科学世界吗？各种物理-数学的关系只有在我们同时表象这些关系最终被应用其上的那些感性事物时，才具有物理意义。布伦茨维格批评"法则比事实更为真实"这一实证主义信念是一种独断论幻觉；他补充说，这种信念完全是为了使事实变得可以理解才构想出来的。被知觉事件永远不能被吸收到理智为事件构造的所有清晰关系中。然而，若是如此，哲学就不仅是对这些关系的意识，它也是对模糊的项、对这些关系所建立于其上的"非关系性的底子"的意识，没有这种意识，哲学将错失其普遍阐明的任务。当我思考毕达哥拉斯定理，并承认它是正确的时，很清楚的是，这条真理不是一时的真理。然而知识的各种后来进展将表明，这不再涉及一种最终的、无条件的明证；如果毕达哥拉斯定理和欧几里得系统可以被视为这样的明证，那么这本身是某个文化时代的标志，一种新的发展可能不会取消它，但会将它重新置于其局部的、仍然抽象的真理的位置上；以至于，在这里，我们与之打交道的不是一种时间之外的真理，而毋宁是另一个时间对一个时间的接替，正如在知觉的层面，我们与一个事物打交道的确定性并没有使我们免除经验的矛盾，也没有使我们免除一种更为丰富的经验。这里自然而然应该确立观念真理和被知觉真理之间的差异。我现在为自己提出的不是这项庞大的任务。我只是寻求让大家看到知觉与理知之间的可以说有机的关联。然而，不容置疑的是，我主宰着我的各种状态的展开；在我思考之时以及怀有一个念头之时，我甚至不知道这一展开；我没有被分割为我的生命的各个时刻。但同样不容置疑的是，这种通过思考来形成的对时间的主宰，在某种程度上始终是虚假的。在我思考我所说的话的时候，我能严肃地确定我现在的观念是我永远的观念吗？难道我不知道，六个月以后，一年以后，即便我达到的那些最终说法大致上是一样的，它们也已经稍微改变了意义吗？难道我不知道，那些观念有一种生命，就像我亲历的一切有一种意义一样，而且我最有说服力的那些思想中的每一个都需要补充，后来虽不是被破坏了，却至少被整合到了另一个集合之中吗？这一知识概念是唯一并非神话的、而是科学的概念。

因此，知觉与思想存在如下这个共同点：两者都包含着一个未来的视域和一个过去的视域，而且它们都向它们自身显现为时间性的，尽管它们既不以同一速度也不在同一时间流逝。因此，应该说，在每一时刻，我们的观念在表达真理的同时，也表达我们在那一刻达到真理的能力。当有人由此得出结论说，我们的那些观念总是错误的，怀疑主义就开始了。但是，只有当我们参照某个绝对知识的偶像时,才会造成这种情况。相反地,应该说,尽管我们的各种观念在某一给定时刻如此有限(它们始终在表达我们与存在、与文化的接触),它们仍是可以有真理的,只要我们使它们对它们应该表达的自然场和文化场保持开放。然而,这种办法总是被提供给我们,正是因为我们是时间性的。直达目标的观念是一种不可靠的观念,如果我们细想它的话。被提供出来的东西,是一条道路,是一种阐明它自己、校正它自己、并且持续与自己和与他人进行对话的经验。因此,使我们从各个瞬间的消散中脱离出来的,不是一种完全既成的理性,而是——正如人们总是在说的——一种自然之光,是我们向某物的敞开。那拯救我们的,是一种新的发展的可能性,以及我们的一种能力,即通过重新思考我们的各种错误、通过把它们重新放到真实的领域中来把虚假的东西变成真实的能力。

但是,归根结底,人们会说,在纯粹反思之中,并且完全在知觉之外,我把握自身,我通达自身,这个我不再是通过其身体与各种事物的系统相连的知觉主体,而是相对于这些事物和相对于这个身体而言是彻底自由的思维主体。在我们的视角中,这种自身经验,即这种我思(*cogito*)是如何可能的,它具有何种意义?

理解我思的第一种方式:就是,当我自己把握自身的时候,我仅限于注意到可以说是一个心理事实,即我在思考。这是一种即时确认,并且,只要经验不持续下去,我立刻就赞同我所思考的东西,我也因此不能怀疑它。这乃是心理学家的我思。当笛卡尔说"在我思考它的整个时间内,我肯定自己实存着"时,他所思考的正是这种一瞬间的我思。这样一种确定性仅限于我的完全纯粹的、完全赤裸的实存和思想。只要我打算把它们具体化为某种特殊的思想,我就会失败,因为正如笛卡尔所说明的,任何特殊的思想都要利用一些非现时的前提。这样被理解的首要的真理,仍是唯一的真理。或者毋宁说,它甚至不能被明确表达为真理,它在瞬间中、在沉默中被体验到。这样被理解的,即以怀疑论的方式被理解的我思,没能说明我们的真理观念。

理解我思的第二种方式:即把它理解为不仅是对我在思考这一事实的把握,也是对这个思所指向的客体的把握;把它理解为不仅是一种私人实存的明证,而且也是这种私人实存所思考的那些事物的明证——至少像它把它们思考成的那样。在这一视角中,我思并不比我思对象(*cogitatum*)更确定,也不相对于我思对象而言别样地确定。在二者那里都存在着观念的明证。笛卡尔有时就是这样来介绍我思的,例如,在《指导心灵的规则》中,当他将本己实存(*se esse*)置于那些最简单的明证之列的时候。这假定了,主体对于他自己就像一种本质一样是完全透明的,并且与夸张怀疑的观念——它甚至触及到了各种本质——是不相容的。

但是,还有我思的第三种意义,这是唯一可靠的意义:怀疑的行为——我由它而使我的经验的全部可能对象具有不确定性——在运作中自己把握自己,因此不能自己怀疑自己。怀疑的事实本身就封住了怀疑。在这里,我对于我自己的确定性是一种真正的知觉:我把握自己,不是把自己把握为一个对自己而言的透明的、展开了全部思维和经验的可能对象的构造主体,而是把握为一种特殊的思想、一种被卷入到某些对象中的思想、一种行动中的思想,并且正是因此,我对我自身是确定的。思想被给予它自己;我在某种方式上被投掷在思想之中，并且我对此有所察觉。以此为理由，我肯定我是关于这或者那的思想，与此同时仅仅就是思想。因此，我能够走出心理学的我思，但又不把自己视为普遍的思想者。我不是单纯地被构造的事件，我不是一个普遍的原生者，我是一个思想，这个思想重新把握自身，已经具有一种真理的理想：这一思想不能每时每刻都为真理理想提供全部理由，而这一理想是它的各种活动的视域。拉缪在以前的一篇著名的文本中描述的，正是这个与其说看到自己不如说触摸到自己、与其说拥有明晰不如说追求明晰、与其说发现真理不如说构造真理的思想。应该忍受生命呢还是畅享生命？他回答说："再一次地，这个问题不属于理智的范围：我们是自由的，在这一意义上，怀疑论是对的。但是，回答'不'，这就相当于使世界和自身变得不可理解了，这就是认定了混乱，并且首先在自身中确立了混乱。然而，混乱什么都不是。存在或者不存在，自身和所有事物，我们必须就此做出选择"（《关于神实存的课程》；《经典课程和摘录》，法国大学出版社，1964[原注]）。我在这里，在一位终其一生都在思考笛卡尔、斯宾诺莎和康德的作家这里，找到了关于一种思想的观念（这种观念有时会被认为是野蛮的），这种思想记得自己已经诞生，最终恢复自身，并且，在这种思想之中，事实、理性和自由是重叠的。

我们最后要问，在这种类型的观念中，合理性和实践连同始终包含在实践中的绝对肯定的东西会变成什么。

我的各种经验相一致、我体验到我的经验与他人的经验相一致，这一事实一点也没有被我们刚才所说的损害，因为它反而被凸显为反对怀疑论的。某物向我显示自己，就如同向他人显示自己，而这些现象——它们为我们划定了所有可思的或可构想的存在的范围——是如其所是地确定的。这里存在着意义。只是，合理性既不被确保为整体的也不被确保为直接的。它可以说是敞开的，这意味着是受威胁的。

或许由此得出的结论是，这样一种看法会遭到来自心理学方面和来自哲学方面的双重批评。

那些就像我在一开始所做的那样来描述被知觉世界的心理学家，那些德国的完形理论家，从来都没有从这些描述中得出它们的哲学结论。在这方面，他们仍然停留在传统的层面上。被知觉世界的结构归根到底被他们看作单纯是某些物理的和生理的过程——它们在神经系统中展开，并且无中生有地创造出了各种形式和关于这些形式的经验——的结果。机体和意识本身都随着外在的物理变量而变化。总之，真实的东西，就是人们一直以来构想的、产生了我们的意识本身的那个物理世界。

可是，问题在于，在格式塔理论已经做了它所做的工作——也就是唤起对各种现象和被知觉世界的关注——之后，它是否能够回到关于存在和客观性的传统概念上来，是否能够将这些完形的世界框定在一种传统意义上的存在之中。该理论的一个最重要的收获，毫无疑问是它超越了客观心理学和内省心理学之间的传统二选一。这些心理学家通过表明如下这点超越了这种二选一：心理学的对象就是各种行为的结构，这些结构能够从外部和从内部通达。苛勒在他关于黑猩猩的书（《高等猴类的智力》，Alcan 出版社，1927；新版，法国大学出版社，1973［原注］）中已经应用了这个观念，他表明，在我们描述一头黑猩猩的行为时，为了刻画这一行为的特征，我们被引导去使用诸如行为的"旋律后续"之类的概念，它们是一些拟人化的概念，却可以具有一种客观的使用，因为我们最终能够对"旋律的"或"非旋律的"行为、对"好的解决办法"和"坏的解决办法"达成一致。因此，心理科学不是在人类世界之外被构建的。人类世界的一个属性恰恰是带有真实和虚假之间、客观和虚构之间的区分。当完形理论——尽管它有自己的成果——后来尝试着用一种科学主义的或实证主义的本体论来包裹自己时，这样做的代价是产生一种内在的矛盾，我们在此不应该依循这种矛盾。通过回到被知觉世界（就像我们刚才所做的那样），通过重新找回现象，并根据这些现象来规定我们的存在概念，我们绝没有为了内在生命而牺牲客观性，就像人们责备柏格森所做的那样，因为，正如完形理论已经表明的，结构、格式塔和含义，在客观地被考虑的各种行为中与在我们自己的经验中是同样可见的，仅仅只需客观之物不被混同于可测量之物。就人而言，当我们相信能够把人视为可以用过程的、各种因果性的交错来解释的一个客体时，我们真的是客观的吗？我们难道不是在力求通过描述一些典型的举止来构造一门关于人的生命的真正科学时，才是真正客观的？当我们将一些仅涉及抽象能力的测试应用到人身上时，或者毋宁说，当我们还是通过测试的手段来尝试把握人面对世界和他人所采取的立场时，我们是客观的吗？

  作为科学的心理学无需惧怕向被知觉世界回归，也无需惧怕从这一回归中得出各种结论的哲学。这种态度远不会损害心理学，反而从它的那些发现中提取出哲学含义。因为不存在两种真理，不存在一种归纳心理学和一种直观哲学。心理学的归纳始终只是考察某种典型举止的方法手段;并且,如果归纳包含了直观,那么反过来,直观也不是在空无中产生的,它被用到科学研究所揭示的各种事实、各种材料、各种现象之上。不存在两种知识,而是存在同一种知识的两种不同层次的阐明。心理学和哲学从相同的一些现象得到滋养,只是问题在哲学层面更加被形式化了。

也许,正好有一些哲学家在此要说,我们腾让给心理学的地方太多了,我们将合理性建基在诸体验的一致性——就如这种一致性在知觉体验中展现的那样——之上,从而损害了合理性。然而,要么对原则上的合理性的要求只是一种愿望,一种并不与哲学相混淆的个人偏好;要么就这种要求拥有的有根据的东西而言,我们的观点和另一种观点一样能够满足这种要求,并且比另一种观点更加能够满足这种要求。当哲学家想要让理性避开历史的影响时,他们不能完完全全地忘记心理学、社会学、人种志、历史学以及精神病理学所教给我们的关于人类行为的条件制约的一切。将理性的统治建立在对我们的各种知识的否认基础上,这乃是热爱理性的一种非常浪漫的方式。这些哲学家所能够正当要求的,就是人应该永远不屈服于一种外部自然的或者一种外部历史的宿命,而且永远不被剥夺其意识。然而在这一方面,像我们这样的一种视角是令人满意的。谈论知觉的首要性时,我们的意思当然从来不是说科学、反思和哲学就是一些经过转化的感觉或者是各种被延迟的、被计算过的享乐的价值(这相当于重新回到了经验主义的论题)。我们用这几个术语所表达的是,知觉的经验重新使我们直面这一时刻,在其中,各种事物、各种真理、各种善业是为了我们而被构造的,这种经验给我们提供了一种初生状态的逻各斯,它脱离任何的独断论而给我们指出客观性本身的各种真实条件,并且让我们想起认识的和行动的各种任务。这涉及的不是将人类的知识还原为感觉活动,而是目击这种知识的诞生,使这种诞生变得和可感者一样是可感的,并且重新赢得对合理性的意识——在相信这种意识是不言自明之时,我们丧失了这种意识,相反,在使它呈现在一种非人的自然的背景上之时,我们重新恢复了它。作为这次报告之契机的工作在这方面的研究只是初步的,因为它几乎没有谈论文化和历史。根据知觉——它是优先的,因为被知觉对象按定义是在场的、活的——例子,这一工作寻求界定一种研究方法,这种方法向我们给出在场的、活的存在,并且应该继而被应用到语言、认识、社会和宗教中的人与人的关系上面,正如它在这一工作中已经被应用到人与可感的自然的关系上面,或者可感者层次的人与人关系上面一样。我们称这一经验层次为"原初的",意思不是说其余一切都是通过转化或者演化从它那里派生出来的(我们已经明确说过,人并不像任何一种动物那样进行知觉),而是在以下意义上说的,即这一层次揭示了文化寻求解决的问题的各种永久的所予。如果我们还没有把主体与外部自然的决定论联系起来,并且仅仅把它重新放回到它所转化却没有离弃的可感者的摇篮之中,那么我们就更不会使它屈从于某种在己的历史;历史就是各种他者,是我们与他们的交流关系(没有这一关系,我们的理想就显得像是托词)。

　　这引导我们——我很抱歉已经用了这么长的时间——从上述涉及实践的内容中得出几个结论。如果我们承认我们的生命是内在于被知觉世界和人类世界的(虽然我们的生命重新创造二者和协助建立二者),那么道德就不可能由对某些价值的私人赞同构成;如果各种原则不能进入到实践中,那么它们就是故弄玄虚,它们应该推动我们与他人的关系。因此,我们不再能够对我们的各种行为在他人眼中的形象无动于衷,而且,存在这个问题:意图是否足以赋予我们的行为以正当性。当然,对这个或那个群体的赞同并不证明什么,因为,当我们探究这种赞同时,我们会选择我们的评判者,这等于说,我们还是根据我们自己来思考。正是合理性的要求本身促使我们这样来行动,好让我们的行动不会被任何他者视为攻击性的,反而在他的处境所具有的特殊方面宽宏大量地与他汇合。然而,从我们把行动对他人的各种后果放入道德的考虑之中(如果行为的普遍性应该是有别于一句话的东西,那么怎么能不这样考虑呢?)的那一刻起,我们与他人的关系看来就有可能受到不道德的冲击——如果在偶然情况下我们的视角不可调和,如果例如一个国家的合法利益与另一个国家的合法利益是彼此不相容的话。正如康德曾经一语道破的(我们至今仍然没有穷尽其意义),没有什么东西向我们保证道德是可能的。然而,也没有什么必然性向我们更多地保证道德是不可能的。我们在一种经验即对他人的知觉中观察到了道德,而且,由于想到意识的复多性让道德受到的威胁,我们更加意识到了它具有的出乎意料的、困难的和宝贵的东西。正如对一个事物的知觉通过实现对无限的知觉侧面的悖谬性综合而使我向存在敞开,同样,通过实现一种"他我"的、一种共同处境的悖谬,通过将我、我的各种视角和我的不可交流的孤独重新放回到一个他者以及所有他者的视觉场中,对他人的知觉确立了道德。在这里,正如在所有地方一样,知觉的首要性——

认识到我们最个人的经验的核心中有富有教益的矛盾,这种矛盾使我们的个人经验经受他人的目光——是治愈怀疑主义和悲观主义的良药。如果我们承认感性是自身封闭的,如果我们仅在一种无肉身的理性的层次来寻求与真理和与他人的交流,那么就没有太多可指望的了。再也没有什么能比下面这段著名的文本更悲观主义、更怀疑主义的了,帕斯卡尔在这段文字中问什么是爱。他指出,我们不是为了一个女人的美貌而爱她,她的美貌会消殒;也不是为了她的才智爱她,她会失去理智。他突兀地总结道:"因此,我们从来都不是去爱人,我们只爱一些品质。"帕斯卡尔所做的就像怀疑论者一样,后者问世界是否存在,并指出,桌子只不过是某些感觉的一个总和、椅子只不过是某些感觉的另一个总和,并且最终得出结论说:我们从来没看见任何东西,我们只看见了一些感觉。相反,如果就像知觉的首要性所要求的那样,我们将我们知觉到的那些称为世界,将我们所爱的那些称为人,那么一种对人的怀疑和一种恶意就变得不可能了。当然,我们这样找到的世界并非是绝对让人放心的世界。我们衡量爱的大胆,爱承诺的超过它所知道的,爱声称自己是永恒的,然而或许一场疾病、一次意外就会破坏它……但是,确确实实,在这一承诺的时刻,我们超出各种品质、超出身体、超出各个时刻去爱,即使我们不能没有品质、不能没有身体、不能没有时刻地去爱。正是帕斯卡尔,为了恢复超越的统一性,随意地让人的生命碎片化,将人还原为一系列不连续的状态。他所找寻的超出我们经验的绝对者,正包含在我们的经验之中。我透过我的现在并且通过处于现在来把握时间,同样,我透过自己的单个的生命、在一种超越我的生命经验的张力中知觉到他人。

因此，除了对分离的绝对者和合理性的摧毁之外，这里不存在对绝对者或对合理性的任何摧毁。真正说来，基督教已经在于用众人中的绝对者替代分离的绝对者。尼采关于"上帝已死"的观念已经包含在基督教关于上帝已死的观念中。上帝因为介入到人类生命中而不再是外部客体；而这一生命并不是向一种永恒了结的简单回归。上帝需要人类历史；正如马勒布朗士所说的，世界是未完成的。我们的态度与基督教的态度不同，就在于基督教相信万物的一种反面，"从利到弊的翻转"发生其中。而我们认为，翻转就发生在我们眼前。或许甚至一些基督徒也会同意，万物的反面在我们生活于其中的正面已经是可见的了。在推进知觉的首要性的论题时，我们感到与其说是在提出一种新奇的东西，不如说是在将我们的前辈的那些工作导向它们的结论。

帕罗迪先生：这场报告如此丰富，打开了如此多的视角，却也提出了如此多的困难；在这场报告之后，如果我们想要开展一场有益的讨论，或许应该对之有所限制：在我看来，我们首先应该着力于关于知觉行为的分析。哪位想要发言？

布雷耶先生：您的报告不仅包含了对您的各种看法的阐述，也包含了对它们的讨论。您已经谈到了两个不同的要点：一种知觉理论和某种哲学。如果帕罗迪先生允许的话，我想强调我发觉最有趣的第二个要点。

关于第一个要点，您已经做出了大量值得关注的提醒。您指出，知觉问题不应该在我们惯常提出此问题的层面上被提出，我们在这一层面上假定一些客体，一个从外面来到这些客体当中的人，以及在这个人和这些客体之间存在的各种关系。梅洛-庞蒂先生并不考虑这些客体,也不考虑这个人,他只考虑知觉。我认为,他在此已经向我们说了一些非常有趣的东西,关于它们,我完全同意他。

但是,梅洛-庞蒂先生是一位哲学家,我们确实有许多东西可以与这位哲学家进行讨论。梅洛-庞蒂先生改变了、倒转了我们称之为哲学的东西的通常意义。

哲学产生自一些有关普通知觉的困难;正是从普通知觉出发,并且正是通过与这种知觉面对面地保持各种距离,我们才首先从事哲学。众哲学家中的第一个,柏拉图,我们所有哲学家的先辈,已经以这种方式从事哲学。他不是打算回到一种直接的知觉、回到一种被亲历的知觉,而是从这一被亲历的知觉的各种不足出发,以便达到一种关于可知世界的概念:这一概念是严谨的,它满足理性,它假定了有别于知觉本身的另一种认识官能。

您采用了这种柏拉图式的观念主义,但您恰恰在反向地沿着这条路走:您尝试着重新把它整合到知觉中,而我认为,正是在这里出现了严格来说所有的困难。它们是一些您自己已经指出过的困难。

第一个困难是一种相对主义,您尝试用我们理智生活和科学生活的各种需要,以一种令人满意的方式说明相对主义,而不是为它辩解;但我认为相对主义并不满足哲学需要,而我要提出的问题如下:您的相对主义难道不就是普罗泰戈拉主义吗?当您谈到对他人的知觉时,这个他人本身在您看来只能相对于我们并且在他与我们的各种关系中存在。这不是我直接知觉到的他人,这肯定不是道德的他人，这不是那个自给自足的人。这是我置于我之外的某人，我把诸物体置于我之外同时，也将他置于我之外。然而这是非常严重的：在我们把其它事物放在世界中时，也把他放在世界中。

然而，这还不是主要的。关键是要知道，哲学是否在于介入世界之中、介入各种事物之中，不是达到与它们同一的程度，而是达到紧随它们的所有变化的程度；抑或说，哲学是否并不在于一种与这种介入恰恰相反的进路。

至于我，我认为哲学始终假定了这种颠倒。让我们假定我们自古代开始就已经是现象学家了。我向您提出如下问题：我们的科学会存在吗？如果阿那克西美尼和阿那克西曼德没有说过"这种知觉，我们不相信它；真实的实在，就是气，或者就是火，或者（如毕达哥拉斯主义者所说）就是数"，那么您还能构造您的科学吗？如果不是这样设定实在，他们已经成了现象学家，您还相信一种哲学能够建立起来吗？

梅洛-庞蒂先生：这一假设本身是不可能的：现象学既不能先于理性主义传统所代表的所有其它哲学努力，也不能先于科学的建构就建立起来。它测度我们的经验与这种科学之间的间距：它如何能够忽视科学，它如何能够领先于科学呢？其次，现象学家并非一直存在，但是，总是存在一些怀疑论者，人们从来没有拒绝给予他们在哲学中的公民权。如果只有希腊的怀疑论者，只有蒙田，甚至只有休谟，科学还会取得进步吗？在我看来，这项异议在他们那里更加适用。

布雷耶先生：我不认为是这样。蒙田批判理性的方式促进了科学的进步。

梅洛-庞蒂先生：想要将理性应用到被视为非理性的东西上面，这种意愿乃是理性的一种进步。

布雷耶先生：您没有权利将自己归入蒙田和休谟之列。他们走在一条与您的道路完全不同的道路上。

梅洛-庞蒂先生：休谟是胡塞尔最精细地研读的作者之一。就我而言，我带着赞同来阅读蒙田和休谟，虽然我觉得他们在批判之后向肯定的回归过于优柔寡断。整个问题始终都是去弄清，在意识到理性之使用的各种困难时，我们是极力支持理性还是反对理性。您说柏拉图寻求放弃知觉来达到观念。我们也可以说，他把运动和生命置于观念之中，就像它们是在世界之中一样——并且他是通过打破同一性的逻辑、通过指出观念可以转变为其对立面来做到这一点的。

布雷耶先生：为了与理性主义者们做斗争，您为他们假定了他们并没有持有的一种关于理性的意见。

梅洛-庞蒂先生：在这种情况下，我就和他们一致了。

布雷耶先生：在这种情况下，您的处境实际上迫使您和他们达成一致。

我注意到，您一明确表达自己的学说，您就因此破坏了您的学说。如果我或许稍微夸张了一点，我请求您的原谅。为了明确表达您关于知觉的学说，您就不得不说："人知觉一些客体"，因此就不得不在语言中把人和这些客体分开。因此,不可避免地存在着一种矛盾,您称之为内在性与超越性的矛盾。但是,这种矛盾来自于这一点:一旦您要明确表达您的学说,您就不可避免地设定一个外在于人的客体。以至于,为了不自相矛盾,您的学说应该停留为不是被明确地表达的,而是仅仅被亲历的。但是,一种仅仅被亲历的学说,还是一种哲学学说吗?

梅洛-庞蒂先生:一种生活肯定不是一种哲学。我相信我已经顺便指出了这一观念,即描述并不是向直接者的回归:我们无法重新回到直接者。问题只在于知道,我们是否打算去理解它。在我看来,寻求对直接者的表达,这并不是背叛理性,相反地是努力扩大理性。

布雷耶先生:这是在背叛直接者。

梅洛-庞蒂先生:这是开启表达与被表达者之间的斗争,这是接受一种初始反思的条件。那鼓舞我们如此做的,是这一点:在人那里不存在纯粹的、绝对没有获得表达的生活,未经反思者只有通过反思才开始对我们而言存在。在我看来,进入到这些矛盾之中(正如您刚才所说的)属于对我们的生活的批判性清点:这就是哲学。

布雷耶先生:我看到您的那些观点通过小说、绘画而不是哲学得到表达。您的哲学通向小说。这不是一个缺点,但我真的认为它通向关于各种实在的直接提示,就像我们在小说家的那些作品中看到的那样。

我不想说得过多,我已经说完我要说的了。

帕罗迪先生：我认为，重新回到您的理论的本质上面是不无益处的。

梅洛-庞蒂先生：我想要简洁地回应布雷耶先生最初的几点评论之一：即在他人与我们的各种关系中确定他人、在世界之中确定他人是"严肃的"这一观点。我想您的意思是"道德上严肃的"。

我从来没有想过不把他人确定为道德主体，而且我甚至非常确信，我未曾排除他作为道德主体。

布雷耶先生：这是一个结论。

梅洛-庞蒂先生：这是您得出来的一个结论！

布雷耶先生：是的。

梅洛-庞蒂先生：仅仅因为我将道德变成一个问题，您就得出结论说我否认道德。然而这里涉及的问题是向我们所有人提出来的。如果不是看到他就在我们面前，如何知道我们面前有某个人？如果不是一些身体外表，我们首先看到的是什么？这些"只能靠发条才能移动"的自动木偶对我来说将如何变成为人？并非现象学方法使这个问题浮现出来，虽然这种方法在我看来使我们能够更好地解决这个问题。当布伦茨维格说"我"被相互性所赢获、我应该达到认为他人与我是相互之时，他的意思是，道德并不是给定的，而是有待于形成的。我看不出一个人如何能够无我地确定他人；就我的经验而言这是不可能的。

布雷耶先生：他"与我是相互的"是由于一种普遍的规范。那您的规范在哪儿呢？

**梅洛-庞蒂先生**：如果允许用一个问题来回答一个问题，我就会问："您的又在哪儿呢？"我们所有人都在一种关于自我和关于他人的经验之中，我们寻求通过思考这种经验来支配它，但不能自诩始终完全做到了这一点。即便当我认为自己在普遍地思考着的时候，如果他人拒绝赞同我，我就会体验到这种普遍性仅仅是私人的（我在此刻又一次地在证实这一点）。除非有一种纯粹的他律，在它面前自我和他人都要低头（但我认为您并不是在他律的意义上来理解规范的），否则就不存在给定的普遍性，就只存在一种推定的普遍。我们重新发现了传统的问题：我们如何能够通达普遍？这是一个在哲学那里总是已经存在的问题，尽管它从未以一种像今天这样彻底的方式被提出。因为，尽管哲学家公开主张无神论，在笛卡尔之后的两个世纪，他们仍然在笛卡尔神学的基础上思考着。除此以外，这些问题在我看来都是传统的。如果我给听这场报告的各位留下了另一种印象，这或许只不过是一种用词的问题。

**勒努瓦先生**：通过颠倒您已经遵循的次序、通过从各种哲学结论过渡到构成您的主题的东西的那些细节本身，布雷耶先生和帕罗迪先生使我们已经有点忘记这个主题，也就是知觉问题了。

我对您采取的坚决的实在论态度感到震惊。我不会就此责备您。各种社会动荡的全部后果都呈现出一种类似的现象；在1920年我们已经看到一场非常重要的英美新实在论运动：在美国，八十种不同的哲学体系在同一年涌现。我们在一个更为动荡的时代遇到过一种相似的推力，在那个时代，维克多·库赞已经决定了传统哲学的法则，他已经尝试指出了各种基本的精神态度加予各个体系的那些主要路线：唯物主义、观念主义、怀疑主义以及神秘主义。而在这里，您借助您的实在论给我们带来一种唯物主义，这种唯物主义以某种方式是实在论的反面。但是，如果您将这种唯物主义应用到各种知觉问题上，它就会毫无价值；所以我的看法和布雷耶先生的看法是一致的。您的分析可以说由于一些术语上的困难而停止不前了。在心理学领域，我们倚靠在一个语词联结的整体之上，这些语词并不彼此相配、彼此对应。这样，在可以说被开始处理的各种实在问题的旁边，一个假问题或者说一种对真问题的偏离突然涌现出来了。但是我相信，法国传统证明了克服这种专门术语危险的一番努力。这一努力通过奥古斯特·孔德本人被揭示出来。他试图摆脱观念学家、"心理学家"和颅相学家的共同倾向。他反对心理学对当代物理学的一个基本概念——能量学——的各种暗示的赞同。他从能量概念出发。他证明了为何所有那些尝试给各种人类姿态——它们被称为行为——进行分类的百科全书式的划分都应该被摒弃。他回到传统的姿态，回到对反思（la réflextion）、沉思（la méditation）和默想（la contemplation）进行区分的笛卡尔姿态。孔德要借鉴的只是那些次要的方面。但是，他将强调协同作用，强调印象与冲动之间，即来自外部的方面和来自内部的方面之间的对比，您自己对此也有暗示。

各种困难都将产生于这一点：任何后来的哲学——它将意志主义的各种论据和雷努维耶的各种论据都据为己有——都要试图实现一种交换，类似于在物理学中物质概念和能量概念之间的交换。知觉在丹纳那里被去物质化，变为真实的幻觉，在柏格森那里被去物质化为直接所予,在列维-布留尔那里被去物质化为神秘的经验,而威廉·詹姆斯将感觉物质化的努力则凸显了艺术家所遵循的轨迹。知觉被贫乏化为日常生活中的运动图式,它只有在审美活动中才能够恢复其丰富性和意义。

梅洛-庞蒂先生:我没有使用过实在论这个词,并且是有意为之。由于这个词把我们牵涉进您被引向的那种类型的各种历史说明之中,我认为使用它并无益处。这会延长讨论,却不会澄清讨论。就我而言,我更愿意回答一个具体的问题,而不是回答一个针对诸学说的样本的问题。

卢帕斯科先生:我想要说的关涉数学经验。欧几里德几何学作为被知觉世界的几何学,被证实只不过是一种理想的几何学,而物理学宇宙(其几何学是黎曼几何学,其内在结构具有越来越抽象的数学复杂性)越来越逃离了知觉的心理学。

梅洛-庞蒂先生:这里有误解,或许是由于我的过错。我的意思不是说数学思维是知觉经验的一种反映或复本,它不知道其它那些样式。我想要说的是,数学思维具有一些相同的基本结构;它并不是绝对的;甚至当我们认为自己在与一些永恒真理打交道时,数学思维也是与历史相关联的。

卢帕斯科先生:它是独立于历史地被构想出来的;它有它自己的历史;它才是支配着并且改变着知觉的,正如它支配和改变物理世界并因此支配和改变历史。总的来说,我看不出在一切都只不过是知觉的一个宇宙中,数学世界会变成什么。

鲍尔先生:或许我的说法会显得天真。但在我看来,不可能把一种认识理论建立在知觉之上。后者几乎和科学本身一样远离我们感官的各种原始所予。在知觉和科学认识之间似乎并不存在非连续性;知觉是一种本能的、初步的科学认识。当我们知觉一张桌子,或者这张桌子上的一盏灯时,我们已经大量地解释我们的各种视感觉,我们把它们与其它那些可能的触感觉或视感觉联结起来,例如桌子的底部、它的坚固,甚或灯的另一面。因此,我们进行一种综合,我们陈述某些现时感觉和另一些潜在感觉之间的不变的联系。科学只是让这一综合的进程变得明确并且无穷无尽地开展下去。

从这一观点看,我们可以说,最为抽象的科学,即几何学甚至还有算术或代数,都具有感觉的色彩。无论如何,在我看来,当我作为物理学家断言"天是蓝的,因为有一些空气分子在散射太阳光"时,我的精神的各种活动跟当我看到一块绿板罩着一个亮斑时说"我看到了一盏灯"是差不多一样的。只是,在后面这种情形中,我的断言的意义更加容易理解,并且其经验证实更加直接。

梅洛-庞蒂先生:这回答了卢帕斯科先生提出的问题。然而,我要补充一点:应该区分知觉与数学理论的构建:需要形成一种关于语言和推定地"精确的"知识(savoir présomptivement "exact")的理论。

我并不想说文化就在于知觉。存在着整个文化世界,它构成知觉体验之上的第二个层次。知觉经验可以说是我们不能够放弃的原初土壤。

萨尔齐先生：我想要指出的是，我的发言有三重意图，因为知觉的首要性可以有三种意义。而且，我认为梅洛-庞蒂先生从一种意义过渡到了另一种意义。

第一种意义，就是心理学的优先性。知觉的首要性必然来自于意识概念，知觉就包含在意识之中。我认为关于这第一点，这已经是一种心理学的错误。当一个小婴儿饿了，他对于饥饿的意识就是对于缺乏的意识。在关于低龄儿童的心理学中，一开始并不存在如下这二者的区分，即一方面是缺乏，另一方面是对一个客体和一个主体的意识；不存在二元性；存在对于缺乏的意识，却既没有客体也没有主体。因此，针对这种知觉的首要性，我们似乎已经可以提出这种异议了。

第二种意义：作为直观或作为与实在的接触之基础，知觉具有真理的专有权。然而，在我看来，即便现时的科学是如此辉煌，我们也不能抛弃形而上学的直观，更不能抛弃神秘的直观，或许尤其不能抛弃心理学的直观。

第三种意义：我们可以说，这并非一个事实问题，而是一个原则问题；无论人类理智在历史中如何发展，我们今后通过当代科学的各种出色成就会知道，我们全部的假设——并且梅洛-庞蒂先生倾向于这一意义——都应该通过与知觉经验的联系来获得支撑。

而在这里，我本人要反对这种首要性。因为当代科学就摆在这儿，它一点点地把知觉的各种公设、各种蕴涵从知觉本身中清除出去（它把它们揭露为不精确的，应该被其它那些与知觉毫无关系的公设替代）：作用量子的不连续性就是这样；我们会想起对各种原子内现象的新近分析，这种类型的知觉中，时间与空间——二者似乎是康德以来的知觉之基础——都消失了，因此我们与知觉不再有任何关系。因此，科学家的世界似乎越来越脱离了知觉的束缚。

以上就是我认为应该表达的三点评论。

梅洛-庞蒂先生：我从来没有说过知觉——例如对于各种颜色或形状的视觉，就它使我们通达各种客体的最直接属性而言——垄断了真理。我想要说的是，我们在它那里找到了一种通达客体的模式，这种模式处在所有层次上。而在讲到对他人的知觉时，我确切地指出，在知觉的名义下涉及的是为我们提供事物本身的任何经验。因此，我并没有取消那些最复杂的认识形式的任何东西，我只是指出，它们都参照这一基本经验，就如同参照它们应该规定或说明的东西。因此我没有想过像您说的那样，要抛弃科学。问题仅仅在于知道它的范围是什么、它的含义是什么。这乃是彭加勒的《科学的价值》（Flammarion 出版社，1970 [原注]）中的问题；当他以这一标题命名其著作时，人们并不认为科学被否认了。在特殊的情形中，您认为自然科学给您提供了关于人的整体说明（我是说"整体的"），还是说您认为存在着别的东西？

萨尔齐先生：毫无疑问。因此，我误解了"知觉的首要性"的意思。

梅洛-庞蒂先生：如果我们反思我们的思维和科学的各种客体，它们终究会把我们引回到被知觉世界，就如同引回到它们最终应该被应用于其上的土壤。我的意思并不因此就是,被知觉的世界——在颜色和形状的世界的意义上讲——就是我们宇宙的全部。还存在着观念的或文化的世界:我并没有贬低其独特性,我只是想说,它可以说是贴着地面产生的。

在我看来,人们向我提出的这些异议,可以向所有那些承认哲学具有一种原初的、与科学截然不同的角色的作者们提出来。科学家常常对哲学家说:"您的工作是无用的;您对科学进行反思,而您对科学却一窍不通;这取消了您的资格。"确确实实,在承认存在一种哲学时,我们从科学家那里夺走了某种东西,我们从他那里夺走了对真实的专有权;但我只是限定了科学的角色。

至于神秘的经验,我也没有彻底抛弃它。问题在于知道它究竟证明了什么;它是通向绝对的有效途径,还是关于绝对的幻觉?我想起布伦茨维格的一次讲课,题为"通向绝对的诸技巧"。布伦茨维格研究了人们试图借以通向绝对的各种不同方法,这些方法都被他看作是虚假的。当我思考神秘经验是否准确地意指它认为自己意指的东西时,我向自己提出了每个人都应该自问的一个问题。如果,为了对神秘经验的事实保持公正而应该提前承认它是它宣称自己所是的东西,如果人们向它提出的所有问题都是一种冒犯,那么,这样一来就不再存在真理了。

如果我使您认为我要抛弃一切,那么我一定是以一种不准确的方式表达了自己的意思,因为相反,在我看来,一切都是值得关切的且在某种程度上是真实的,只要我们按照这些事物在我们的被充分阐明的经验中呈现自身的样子来看待这些事物。布雷耶先生刚才问我:"您以一种绝对的价值来设定他人吗?"我回答说:"是的,尽一个人之所能。"但是,作为军人,我有时会要求一次炮击,或一次飞行巡逻,在那一刻,我并没有承认将要承受它们的敌方士兵有一种绝对价值。在这种情况下,我能够保证对敌人抱有宽宏大量的情感,我却不能保证对他不造成任何伤害。当我在此时此刻说我爱某人的时候,在这种爱中,我能确保自己已经达到了这个人的实质,一种绝对不会改变的实质吗?我能保证我对这个人所了解的、使得我爱这个人的东西,将在他的整个一生中得到证实吗?知觉抢先了,它走在前面。我巴不得看到更多,但是,在我看来似乎没人能够看到更多。我在这里能够承诺某种行为,却不能承诺某些情感。因此,应该相信生命的慷慨——它使蒙田能够在《随笔》最后一卷中写道:"我履行了诺言而不是许下了诺言或亏欠着诺言。"

卢瓦尔夫人:在所有这些经验中,存在着一种价值阶梯吗?哪一种?例如,各种神秘经验,各门数学学科,它们处在上层阶梯吗?关于知觉的这种首要性,存在着一种价值阶梯吗?我们如何确定其它那些形式的位置?

梅洛-庞蒂先生:对我来说,确实存在着一个阶梯。这并不意味着我们认为处于下层阶梯的东西就要被取缔。例如,在我看来,如果我们把知识的目标定为回到具体,那么好了,就某些方面而言,我们不得不置艺术于科学之上,因为它成功地实现了对具体的人的一种表达,而科学无意于此。但是,您在这个时候所说的等阶假定了一个视点:依据一个视点,您得到一个等阶,依据另一个视点,您得到另一个等阶。我们毋宁是在与一些同心研究而不是一些等阶研究打交道。

普勒南夫人：前面提出来的好几个问题与我想要提出的问题是重叠的。

首先，就是在刚刚所讨论的这个价值阶梯之中，梅洛-庞蒂先生将赋予更多的价值给天文学家的太阳呢，还是农民的太阳？

这就是将要受到质疑的问题：梅洛-庞蒂先生是否认为科学理论绝对地与知觉对立？可是他对于布伦茨维格的科学真理的渐近特征所说的话，不是相当于在普通知觉和科学知觉之间引入某种连续性吗？各种不同的知觉理论之间彼此对立吗？鲍尔先生的评论在这里不能被重新提出来吗？

第二个问题与第一个是相关的，它以其传统的形式发问：我是否经验着一种思考方式，它使我知道天文学家的太阳仍然比农民的太阳高级？

梅洛-庞蒂先生：我绝对同意这个观点，出于两个理由。让我们回忆黑格尔的著名句子："地球不是世界的物理中心，而是其形而上学中心。"人在世界中的独特之处由于我们获得了关于科学领域的更精确的认识而越发明显。让所有的人认识天文学家的太阳是严格必要的：问题不是要让科学知识信誉扫地。哲学意识的获得只有超越它才是可能的。只是当我们在其严格性中构想自然科学的世界时，我们才能通过对照看到人在其自由中出现。此外，科学在过了某个成熟点之后，它自己就停止让自己实体化（s'hypostasier）了，它把我们导回到被知觉世界的各种结构中，并且可以说重新赢得了它们。例如，有人已经注意到了相对论物理学和现象学家的空间的汇合。哲学对一门成熟的科学是无所畏惧的,这门科学对哲学也一样。

普勒南夫人:同理,历史是一种关于具体的研究。

梅洛-庞蒂先生:当然。就我而言,我不会分开历史和哲学。这就是当我说"我们不能想象现象学家是立即出现的"时,想要说的意思。

普勒南夫人:我们可以说,大地测量学也是关于具体的科学。

梅洛-庞蒂先生:为什么不呢?但人文地理更是如此。至于各种科学真理的渐进特征,我想要说的是,在长时间当中,通过它的某些方面,科学似乎想要赋予宇宙一种不变的形象。它似乎没有从这个过程中辨认出任何方向。在这种情况下,我们可以把它视为不完整的、局部的。

普勒南夫人:我认为它会弥补回来的!

梅洛-庞蒂先生:我为此感到高兴。

塞萨里先生:我想请梅洛-庞蒂先生简单澄清一下。您似乎断言,在科学与知觉之间存在某种连续性。我们可以接受这个观点,它是布伦茨维格的观点,并且就"新的经验能够带来各种理性框架的一种变化"而言,它也可以是巴什拉先生的观点。此外,您以一种夸张的方式强调在理性框架中的运动物;但这是一个程度问题;令我惊奇的是别的东西。我不明白对知觉的现象学研究能够对科学的发展有什么用处。在我看来,在您所描述的知觉也就是被亲历的知觉,与另一方面科学家所依靠的、有助于他构造某些理论的知觉之间，似乎存在着连续性的中断；在我看来，在您用来陈述自己的论据的那篇文稿上面，一种矛盾已经被觉察到了。您说道："心理学家对知觉的无偏见的研究最终表明，被知觉世界并非诸客体（就科学赋予这个词的意思而言）的一个总和。"很好，我们完全同意。实际上，被亲历的经验层次上的知觉，并不像科学那样描述客体。但是，在这种情形中，诉诸这种纯粹被亲历的经验，对构建科学的经验（尤其就像巴什拉说过的，它必定远离直接物）而言有什么用呢？只有在我们抛弃通常经验层次上的各种感觉和知觉时，在我们将一些事实界定为技术效应（如康普顿效应）时，科学才会被构建起来。

在这些情况中，我看不到现象学对各门科学有什么用处。

梅洛-庞蒂先生：首先要说的是：我不知道现象学态度是否有助于其它学科，但它肯定有助于心理学。

塞萨里先生：我们同意它有助于心理学，但是否有助于评估科学本身中的理性主义的价值，则是另一回事。您已经比较了现象学的经验和布伦茨维格的经验，后者谈到一种特别加工过的、与被亲历的经验没有任何关系的经验。

梅洛-庞蒂先生：被亲历的经验只是对于那些对人感兴趣的人而言才是直接有趣的。我从来没有期望过我的工作能够让作为物理学家的物理学家感兴趣。但是，您的抱怨对所有哲学著作同样适用。

塞萨里先生：我并不是抱怨您。我认为在涉及知觉心理学方面，您的观点非常有趣，但涉及到知觉与科学思维的关系，除了再次对心理学而言之外，我没有看出有趣来。

我想要提的还有第二个问题。您在您的报告的某个时刻说到了"质料含有自己的形式"，并且您在这一观点上大致上依循的是完形理论。在这一理论中，有对这一知觉的发生的某种说明（同构性）。相反地，您将自己的观点与柏格森在《物质与记忆》（法国大学出版社，Quadrige 文库[原注]）开头的观点进行比较。但是，我没能明白，刺激与知觉的关系问题对您而言实际上是否存在，因为这是一个关系到认识的问题，而实存的观点促使您认为不可分离的人-世界复合体应该直接产生知觉：当我思考知觉和感觉之间的关系时，我就把世界和我自己分离了。

因为在您今天的报告中，您主张实存论的观点和认识的观点之间不存在连续性的中断，所以在某个时刻，刺激与知觉之间的这一关系问题就会以一种悖谬的方式另外产生出来。您对此给出的答案确切地说是怎么样的？对于柏格森而言，这涉及到身体对世界的各种可能反应。

梅洛-庞蒂先生：我想我已经说过，正如所有形式的朴素实在论一样，科学界关于知觉的观点——一种在己的刺激引起了一种知觉——都是绝对不充分的。在哲学上，我并不认为这一知觉形象归根结底是站得住脚的。但是，在我看来似乎不可或缺的是，科学进行它自己关于知觉的研究。因为出现了这样一个时刻：正因为我们试图将科学思维的方法应用到知觉上面，我们才弄清楚了是什么使得知觉成为不属于物理因果性的一种现象；我们观察到机体的一种反应，它"解释"各种刺激，赋予它们某种构形。在我看来不可能的事情,就是认为这种构形是由这些刺激产生的:它来自于机体,以及来自于机体面对这些刺激而活动的方式。

在我看来,甚至对心理学和哲学都宝贵的是:科学尝试自己习惯的分析方式,即便这种尝试以失败告终。

塞萨里先生:这些说明或许是令人满意的。唯一继续存在的问题是科学的变动着的理性主义与知觉的现象学主义的关系问题。

梅洛-庞蒂先生:就我而言,我不认为这里有一种两难困境。

伊波利特先生:我只是想说,我并没有看出在报告的两个部分之间,即在关于知觉的描述(它并不预设任何的本体论)和得出的哲学结论(它们预设了某种本体论,一种关于意义的本体论)之间有一种必然联系。在第一部分,你指出知觉提供了一种意义,而在第二部分,你达到了人的统一体所构成的同一种意义的存在;在我看来,这两个部分并不是完全一致的。你关于知觉的描述并不必然导致报告的第二部分的那些哲学结论。你承认这种不一致吗?

梅洛-庞蒂先生:显然不。如果我谈论了两种东西,这是因为它们具有某种关联。

伊波利特先生:关于知觉的描述会导向你之后作为结果发展出来的"意义的存在"的哲学吗?

梅洛-庞蒂先生:是的。唯一确定的是,我并没有全部说完,远没有说完。例如,我没有讲到时间及其作为根据与基础的角色。

伊波利特先生:这一关于"意义的存在"——连同它所包含的

作为合目的性的、相对与绝对的统一,这一被恢复的统一——的问题把我引到一个或许更为明确的问题:在我看来,你似乎还没有阐明反思带给未经反思的生活的悲剧,也就是说,由反思投射的一种永恒规范所带来的崭新的生活方式。加在未经反思的生活之上的反思导致一种超出,导致一种或许是形式的、或许是虚假的超越,但没有这种超越,这个问题就不可能存在。

普勒南夫人:恶灵(malin génie)的悲剧。

伊波利特先生:也许吧。你赞同我说这种反思将我们抛入到了一种新的超越之中吗?

梅洛-庞蒂先生:针对我已经说过的那些,确实有很多东西要补充。在考虑我所说的东西时,人们可以认为,在我看来,人只能生活在实在物中;然而,人也生活在想象物中,并且也生活在观念物中;因此有必要确立一种关于想象的实存和观念的实存的理论。我在讨论当中已经表明,在把知觉置于意识的中心时,我并不企图将意识局限在对一种自然所予的觉察中。我想要说的是,哪怕当我们通过创造一种文化——而反思就是该文化的一种收获——来改变我们的生活时,我们也没有消除我们与时间和空间的关联,我们毋宁说在充分利用它们。反之,我们可以说,在一种完全被阐明的人类知觉中,我们会找到人类生活中的所有独特之处。正如舍勒所说,人类知觉基于世界,动物知觉基于场所。在想象和观念化中起作用的同样的创造能力,是在最初的人类知觉中萌芽的(而关于这一点我显然谈得不完整)。但是,造成我的观点与一种知性哲学的观点之间的本质差异的是:在我看来,人类意识即便能够摆脱各种事物来看自身,它也永远不能完全地掌控自身,并且它只有通过回顾各种不连续的、偶然的表达活动(哲学考问本身只有通过它们才成为可能)才能在文化的层次上重新把握自身。

伊波利特先生:我的问题并不仅仅涉及这种不完全的特征,它是要知道:与任何其它生活方式相反的人类反思,是不是将走到不再提出关于这种或那种意义的问题,而是提出关于一般意义的问题的地步;以及反思被引入到"整个意义的存在本身"是不是包含了一个新的问题和一种新的生活方式。

梅洛-庞蒂先生:我完全同意这个观点。

伊波利特先生:在我看来,你给出的答案并不总是令人满意的,因为人被驱动着提出有关"整个意义的存在"的问题,有关"整个意义的绝对存在"的问题。

换句话说,在人的反思这一事实中,存在着一种整体的反思。

梅洛-庞蒂先生:在我的博士论文[①]中,我曾复述兰波的一句话说,存在一个意识中心,从那里"我们不处于世界"。但是,这种绝对的空无只有在经验来填满它的时候才是可觉察的。可以说,我们从来都只是在边缘视觉中看到它。它只有在世界的背景之上才是可知觉的。总之,你只是想说,我没有形成一种宗教哲学。我认为思考上帝是人的本性,但这并不意味着上帝存在。

伊波利特先生:你说过,上帝死了。

---

① 指《知觉现象学》。——译者注

梅洛-庞蒂先生：我说过，像尼采主义者那样说上帝死了，抑或是像基督徒那样谈论上帝之死，都是把神和人结合起来，并且在这一意义上，基督徒本身不得不将永恒与时间关联起来。

伊波利特先生：当你谈论上帝之死时，你已经着手探讨关于该问题的一种本体论，对此我有权说，这种本体论是含混的。

梅洛-庞蒂先生：当我们尝试理解其他人的时候，我们总是含混的。含混的乃是人类的状况。但是，这场讨论过于仓促，应该再回到这个讨论来。

伊波利特先生：那么，你并没有受到你关于知觉的描述的约束，而且你承认这一点！

梅洛-庞蒂先生：我完全不承认。在某种意义上，一切都是知觉，因为我们的各种观念或各种反思中没有哪一个是不带有其日期的，它的客观实在穷尽了形式实在，它把自己带到了时间之外。

波弗雷先生：在伊波利特的发言之后，我必须说的话带不来什么重要的东西了。我只是想强调，在针对梅洛-庞蒂的这些异议中，有许多在我看来是不公正的。我认为它们相当于因为他所处的视角本身即现象学的视角而指责他。说梅洛-庞蒂止步于一种没有可能的超越的现象学，这是不了解：在现象学理解它的意义上，对经验物的超越属于现象本身。在这种意义上，现象实际上并不是经验物，而是实在地显现自身者，我们能够真正对它有经验，这与只不过是概念构建的东西相反。现象学并不是下降到现象主义中，而是与"事物本身"保持联系。如果现象学拒斥对于知觉的

"理智主义的"说明,这不是为了向非理性的东西敞开大门,而是向咬文嚼字关上大门。在我看来,没有什么东西比《知觉现象学》更无害了。我要向作者提出的唯一责备,不是他走得"太远",而毋宁是尚不够彻底。他给我们提供的那些现象学描述实际上维持了观念主义的用语。那些描述在这一点上是根据胡塞尔的那些描述来组织的。但是,整个问题恰恰在于知道,被推至彻底的现象学是否要求人们走出主体性、走出主观观念主义的用语,就像以胡塞尔为起点的海德格尔做过的那样。

帕罗迪先生:我们要结束会议了,却或许还没谈到至关重要的问题:就是说明您的知觉理论是由什么构成的。总的来说,您如何看待您似乎要摆脱的关于知觉的传统学说?我希望在我们散会之前,您的论题中的肯定部分可以给我们回顾一下。如果知觉不是使用借自记忆的、基于一些直接感觉的各种材料进行的构造,如何解释知觉的那些过程呢?

梅洛-庞蒂先生:当然,知觉有一种发展;当然,它不是一下子达成的。我在此试图说的东西有点过于要求大家对我致力于这一问题的博士论文的阅读了。另一方面,重新开始这一问题的陈述在我看来既不可能,也不恰当了。

帕罗迪先生:您可以跟我们说说您在这个问题上最重要的实际贡献是什么吗?您从非常清晰的例子出发:我们相信我们知觉到了我们实际上只是部分地或者大体上看到的一些事物。对您而言,这种运作的本质是什么?

梅洛-庞蒂先生:知觉,就是借助身体使某物向自己呈现:事物在一个世界视域中始终有其位置，而辨识就在于将每个细节重新放入到适合它的那些知觉视域之中。但是，这样一些说法同样是谜一般的，除非我们将这些说法与它们所概述的一些具体详述进行对比。

帕罗迪先生：我想说，身体对感觉而言比对知觉而言更为基本得多。

梅洛-庞蒂先生：我们能区分二者吗？

帕罗迪先生：鉴于这一主题的宽泛与困难，我们在结束时仍有许多问题要提出来，这也就不足为奇了。您的报告仍不失为极具价值的，我们非常愉悦地聆听，并且受益匪浅。

# 中法术语对照表

柏拉图式的观念主义　idéalisme platonicien
悲观主义　pessimisme
背景　fond
背景上的图形　figure sur un fond
悖谬　paradoxe
被构造的事件　événement constitué
被证实的世界　monde vérifié
被知觉　percipi
被知觉的实存　existence perçue
被知觉世界　monde perçu
被知觉事件　événement perçu
被知觉事物　chose perçue
被知觉者　perçu
被知觉真理　vérité perçue
本己身体　corps propre
本己实存　existence propre
本体论　ontologie
本性　nature
本质　essence
本质的方法　méthode eidetique
比较　comparaison
毕达哥拉斯定理　théorème de Pythagore
毕达哥拉斯主义者　pythagoricien
变量　variable

变形　déformation
辨识　déchiffrage
表达　expression
表观大小　grandeur apparent
表面　surface
表面现象　apparence
表面颜色　couleur superficielle
病理学方法　méthode pathologique
病理学事实　fait pathologique
病人　malade
病态的行为　comportement morbide
不确定性　incertitude
不在场　absence
部位刺激　excitation locale

参与　participation
侧面　aspect
差别阈限　le seuil différentiel
传统的知觉概念　conception classique de la perception
场域　champ
超越(性)　transcendance
沉默　silence
沉思　la méditation
冲动　impulsion

抽象　abstract
处境　情境　situation
触感觉　sensation tactile
触觉　toucher
触觉所予　données du toucher/données tactiles
传导　conduction
传统心理学　psychologie traditionnelle
词　mot
刺激　excitation
刺激　stimulus
刺激源　source d'excitation
存在　être

大地测量学　géodésie
大脑　cerveau
大脑生理学　physiologie cérébrale
大小　grandeur
代数　algèbre
道德　morale/moralité
道德的他人　autrui moral
道德主体　sujet moral
德国哲学　philosophie allemande
地理学　géographie
定位　localisation
定位反射　réflexe localisateur
动景运动　movement stroboscopique
动因　motif
独断论　dogmatisme
对比　contraste
对象　objet
多元性　pluralité

恶灵　malin génie

儿童心理学　psychologie de l'enfant
二元性　dualité

发生　genèse
发展　devéloppement
法国国家科学研究中心　CNRS
法国学派　école française
法国哲学学会通报　bulletin de la société française de philosophie
反思　réflexion
非广延的感觉　sensation inextensif
非广延的所予　donnée inextensif
非人的自然　nature inhumaine
分离　séparation
分离的绝对　absolu séparé
分析　analysis
分析知觉　perception analytique
分有　participation
丰富性　plénitude
符号　signe

概念　concept conception notion
感官　sens
感官的训练　éducation des sens
感觉　sensation/sens
感觉场　champ sensoriel
感觉器官　appareil sensorial
感觉运动阶段　stade sensitivomoteur
感觉障碍　trouble sensoriel
感觉哲学　philosophie de la sensation
感觉主义　sensualisme
感性　sensibilité
感性认识　connaissance sensible

感性体验　épreuve sensible
感性质料　matière sensible
感性自然　nature sensible
高度　hauteur
格式塔　Gestalt
格式塔理论　Gestalttheorie
格式塔理论学派　École de la Gesta-lttheorie
格式塔心理学　Gestaltpsychologie
公民权　droit de cité
公设　postulat
功能　function
共有的存在　être indivis
构造　organisation
构造的现象学　phénoménologie constitutive
构造主体　sujet constituant
关系　relation
观察　observation
观点　vue idée/point de vue
观念　idée
观念的/观念物　idéal
观念的明证性　évidence idéale
观念的确定性　certitude de l'idée
观念的实存　existence idéale
观念法则　loi idéale
观念世界　monde des idées
观念学家　idéologue
观念真理　vérité idéale
观念主义　idéalisme
官能　faculté
广延性　extensivité
归纳的方法　méthode inductive
归纳心理学　psychologie inductive
规范　morme

国家科学基金　Caisse nationale des Sciences
过去　passé

还原　reduction
含义　signification
合理的　rationnel
合理性　rationalité
和　somme
横向现象　phénomène transverse
厚度　epaisseur
厚度颜色　couleur epaissé
怀疑　doute
怀疑的行为　acte de douter
怀疑论者　sceptique
怀疑主义　scepticisme
幻觉　hallucination
幻象　vision
回忆　souvenir
绘画　peinture
混合知觉　perception syncrétique
活动　opération

机能　fonctionnement
肌肉感　sens musculaire
肌肉感的所予　données du sens musculaire
基础　fond
基督教　christianisme
基督徒　chrétien
即时确认　constation instantané
集合　ensemble
几何学分析　analyse géométrique
几何学推理　raisonnement géométrique

| | | | |
|---|---|---|---|
| 记忆 | mémoire | 看法 | conception vue |
| 加强律 | loi d'accentuation | 康普顿效应 | effet Compton |
| 假设 | hypothèse | 科学 | science |
| 价值 | valeur | 科学的世界 | univers de la science/monde de la science |
| 间接推断 | inférence médiate | | |
| 建构 | construction | 科学家 | savant |
| 将来 | avenir | 科学认识 | connaissance scientifique |
| 交换 | échange | 科学哲学 | philosophie des sciences |
| 交流 | communication | 科学知觉 | perception scientifique |
| 阶段 | stade | 科学知识 | savoir scientifique |
| 结构 | structure | 科学主义 | scientisme |
| 结构化的知觉 | perception structurée | 可感者/可感(的) | sensible |
| 结构现象 | phénomène de structure | 可感属性 | propriété sensible |
| 结果 | résultat | 可能性 | possibilité |
| 结论 | conséquence | 可亲近的知识 | savoir approché |
| 截肢者幻觉 | illusion des amputés | 可知世界 | monde intelligible |
| 解剖学定位 | localization anatomique | 客观(的) | objectif |
| | | 客观化 | objectivation |
| 解释 | interprétation | 客观条件 | condition objective |
| 介入 | engagement | 客观心理学 | psychologie objective |
| 经验 | expérience | 客观性 | objectivité |
| 经验物 | empirique | 客观性标准 | critère d'objectivité |
| 经验主义 | empirisme | 客体 | objet |
| 精神病理学 | psychopathologie pathologie mentale | 客体知觉 | perception objective |
| | | 空间 | espace |
| 精神性盲 | cécité psychique | 空间性 | spatialité |
| 精神状态 | mentalité | 空间知觉 | perception de l'espace |
| 静力学 | statique | 夸张的怀疑 | doute hyperbolique |
| 举止 | conduite | 宽度 | largeur |
| 具体 | concret | | |
| 绝对的 | absolu | 类比 | analogie |
| 绝对真理 | vérité absolue | 黎曼几何学 | géométrie riemannienne |
| 绝对知识 | savoir absolu | | |
| 均等律 | loi de nivellement | 理论 | théorie |
| | | 理论家 | théoricien |

理想（的）　idéal
理性　raison
理性主义传统　tradition rationaliste
理知　intellection
理智　intelligence
理智活动　opération intellectuelle/activité intellectuelle
理智行为　acte intellectuelle
理智形式　forme intellectuelle
理智意识　conscience intellectuelle
理智之光　lumière de l'intelligence
理智主义　intellectualisme
理智综合　synthèse intellectuelle
历史时期　période de l'hostoire
联想　association
联想现象　phénomènes associatifs
临床　clinique
颅相学家　phrénologiste
论题　thèse
逻各斯　logos
逻辑　logique

矛盾　contradiction
描述　description
描述的心理学　psychologie descriptive
明证性　évidence
默想　la contemplation

内感受和本体感受区域　domaines intero-et proprio-ceptifs
内省心理学　psychologie d'introspection
内在生命　vie intérieure
内在性　immanence

内在意识　conscience immanente
能量　énergie
能量学　énergétique

欧几里德几何学　géométrie euclidienne
欧几里德系统　système euclidien

判断　jugement
批判主义　criticisme
平行论　parallélisme
朴素实在论　réalisme naïf
普遍（的）　universal
普遍的思想者　cogitant universel
普遍的原生者　naturant universel
普遍性　universalité
普罗泰戈拉主义　protagorisme
普通知觉　perception vulgaire

契机　occasion
器官　apppareil
前科学世界　monde pré-scientifique
潜在感觉　sensation virtuelle
情感　affection/sentiment
去物质化　dématérialiser
全体　tout
确定性　certitude
群集　constellation

人类历史　histoire humaine
人类生命　vie humaine
人类世界　monde humain
人－世界复合体　complexe homme-monde
人文地理　géographie humaine

人种志　ethnographie
认识理论　théorie de la connaissance
认识问题　problème de la connaissance
日常生活　vie courante
日常知觉　perception quotidienne
肉　chair

伤口　bléssure
身体　corps
深度　profondeur
深度印象　impression de la profondeur
深度知觉　perception de la profondeur
神　Dieu
神经冲动　influx nerveux
神经系统　système nerveux
神经系统生理学　physiologie du système nerveux
神经学　neurologie
神经学家　neurologue
神秘的经验　expérience mystique
神秘的直观　intuition mystique
神秘主义　mysticisme
神学　théologie
审美活动　activité esthétique
生理学　physiologie
生理学解释　interprétation physiologique
生命　vie
生物学　biologie
失认症　agnosie
时间　temps

时间发生定位　localisation chronogène
时刻　moment
实践　pratique
实践场　champ pratique
实践因素　facteur pratique
实体感觉缺失　astéréognosie
实验　experimentation expérience
实验的方法　méthode expérimentale
实验心理学　psychologie expérimentale
实验研究　recherche expérimentale
实在(的)/实在物　réel
实在论　réalisme
实在论态度　attitude réaliste
实证主义　positivism
实质　substance
世界　univers monde
世界视域　horizon de monde
世界知觉　perception du monde
事实　fait
事物世界　monde de choses
视点　vue/point de vue/vue perspectif
视感觉　sensation visuelle
视觉　vision
视觉场　champ visuel
视觉所予　donnée visuelle
视网膜　rétine
视网膜像差　disparité des images rétiennes
视域　horizon
视域的综合　synthèse d'horizon
视知觉　perception visuelle
首要性　primat

属性　propriété
数理关系　relation physico-mathématique
数学　mathématiques
数学经验　expérience mathématique
数学世界　monde mathématique
数学思维　pensée mathématique
瞬间　instant
思考/思维/思想　pensée
思考者/思想者/思维者　penseur/cogitant
思维主体　sujet pensant
算术　arithémetique
损伤　lesion
所予　donnée
所指　signifié

他律　hétéronomie
他人　autrui/autre
他人知觉　perception d'autrui
他我　alter ego
他者　autre
态度　attitude
条件　condition
条件制约　conditionnement
同构性　isomorphisme
同一（性）　identité
童年心理学　psychologie de l'enfance
统一性　unité
投射　projection
投射阶段　stade projectif
投射区域　zones de projection
透明关系　relation transparente
透视　perspective
透视侧面　aspect perspective

图形　figure
推测　conjection
外部事物　chose extérieure
外部知觉　perception extérieure
外感受区域　domaine extéroceptif
外在性　extériorité
完形　forme prégnance
完形理论　théorie de la forme
完整倾向　prégnance
韦伯定律　loi de Weber
唯物主义　matérialisme
未经反思的生活　vie irréfléchi
未经反思者　irréfléchi
文化　culture
文化场　champ de culture
无肉的理性　raison sans chair
无神论　athéisme
物理变量　variable physique
物理世界　monde physique
物理学　physique
物理学宇宙　univers physique
物质　matière
物质化　matérialiser

系统　système
先验的态度　attitude transcendantale
先验的现象学　phénoménologie transcendantale
先验逻辑　logique transcendantale
先验演绎　déduction transcendantale
先验哲学　philosophie transcendantale

显象　apparence
现时感觉　sensation actuelle
现象　phénomène/fait
现象学　phénoménologie
现象学方法　méthode phénoménologique
现象学分析　analyse phénoménologique
现象学家　phénoménologiste
现象学描述　description phénoménologique
现象学运动　mouvement phénoménologique
现象学哲学　philosophie phénoménologique
现象学主义　phénoménologisme
现象主义　phénoménisme
现在　présent
相对论物理学　physique de la relativité
相关　correlation
相互性　réciprocité
镶嵌　mosaïque
想象　imagination
想象的实存　existence imaginaire
想象物/想象的　imaginaire
项　terme
像差　disparité des images
小说　roman
协同作用　la synergie
心理发生　psychogenèse
心理发展　développement mental
心理功能　function mentale
心理活动　activité mentale
心理科学　science psychologique

心理驱动的发展　développement psycho-moteur
心理事实　fait psychique
心理形象　image mentale
心理学的直观　intuition psychologique
心理学分析　analyse psychologiqe
心理学家　psycholoque
心理学描述　description psychologique
心理学原理　principe de la psychologie
心理因素　facteur psychologique
心理障碍　trouble psychique
心理主义　psychologisme
新实在论　néo-réalisme
信念　croyance
行为　comportement acte conduite
形而上学　métaphysique
形而上学的直观　intuition métaphysique
形式逻辑　logique formelle
形象　image
形状　forme
性格　caractère
虚构的　fictif
虚假的　faux
学科　science

言语　parole
研究　recherche/étude/investigation
颜色　couleur
样式　modalité
移印　décalque
艺术家　artiste

异质的质料　matière hétérogène
意见　observation
意念　mouvement
意识　conscience
意图/意向　intention
意向性　intentionalité
意义　sens/portée
意志　volonté
意志主义　volontarisme
因果性　causalité
印象　impression
英美实在论哲学　philosophies réalistes d'Angleterre et d'Amérique
英美新实在论运动　mouvement anglo-américain de néo-réalisme
永恒（性）　éternité
永恒真理　vérité éternelle
优先性　primauté
宇宙　univers
语言　langage
预设　présupposé
元素　élément
原初所予　donnée première
原初样式　modalité originale
原理/原则　principe
原生者　naturant
原始所予　donnée brute/donnée primitive
原始知觉　perception primitive
原因　cause
运动　mouvement
运动框架　cadre moteur
运动图式　schème moteur
运动物　mobile
运动知觉　perception du mouvement

运作　opération

在场　présence
在己（的）　en soi
在己的客体　objet en soi
在己的历史　histoire en soi
障碍　trouble
哲学研究　recherche philosophique
哲学预设　présupposé philosophque
真理　vérité
真实的　vrai
真实的幻觉　hallucination vraie
真实世界　monde vrai
正常心理学　psychologie normale
正常知觉　perception normale
支撑点　prise
知觉　perception
知觉病理学　pathologie de la perception
知觉的确定性　certitude de perception
知觉的世界　univers de la perception
知觉的首要性　primat de la perception
知觉经验　expérience de la perception
知觉空间　espace perceptif
知觉生理学　physiologie de la perception
知觉视域　horizon perceptif
知觉问题　problème de la perception
知觉心理学　psychologie de la perception
知觉行为　acte de percevoir
知觉研究　étude de la perception
知觉意识　conscience perceptive

知觉哲学　philosophie de la perception
知觉主体　sujet percevant
知识　savoir
知识的世界　monde du savoir
知性　entendement
知性哲学　philosophie de l'entendement
直观　intuition
直观哲学　philosophie intuitive
直接所予　donné immédiate
直接知觉　perception immédiate
指标　indication
质料　matière
质性　qualité
秩序　ordre
智力　intelligence
中介　mediation
众人中的绝对　absolu dans les homme
重组　réorganisation
主观(的)　subjectif
主观观念主义　idéalisme subjectif

主题　théme subjet
主体　sujet
主体间存在　être intersubjectif
主体性　subjectivité
抓住　saisie
专有权　exclusivité
转化　élaboration
转移的综合　synthèse de transition
姿势　geste
姿态　attitude
自然场　champ de nature
自然的态度　attitude naturelle
自然之光　lumière naturelle
自我中心主义　égocentrisme
自由　liberté
宗教　religion
宗教哲学　philosophie religieuse
综合　synthesis
组合　assemblage
作用量子　quantum d'action
坐标　coordonnée
坐标系　système de coordonnées

# 中法人名对照表

阿克曼　Ackermann
阿兰　Alain
阿那克西曼德　Anaximandre
阿那克西美尼　Anaximène
埃林　J. Héring
奥古斯特·孔德　Auguste Comte
巴什拉　Bachelard
柏格森　Bergson
柏拉图　Platon
保罗·穆伊　Paul Mouy
鲍尔　Bauer
贝克莱　Berkeley
毕达哥拉斯　Pythagore
波弗雷　Beaufret
布雷耶　Bréhier
布伦茨维格　Brunschvicg
丹纳　Taine
德·卡尔品斯卡　de Karpinska
德让　Déjean
笛卡尔　Descartes
杜雷　Duret
芬克　Fink
冯·莫纳科夫　von Monakow
富克斯　Fuchs
盖尔布　Gelb
戈尔德斯坦　Goldstein

哥德沙尔特　Gottschaldt
古尔维奇　Gurvitsch
海德格尔　Heidegger
赫尔森　Helson
亨宁　Henning
胡塞尔　Husserl
霍夫曼　Hoffmann
纪尧姆　P. Guillaume
卡茨　Katz
凯尔西　Quercy
康德　Kant
康普顿　Compton
考夫卡　Koffka
苛勒　Köhler
克拉帕列德　Claparède
拉缪　Lagneau
拉舍利埃　Lachelier
拉威勒　Lavelle
勒努瓦　Lenoir
雷努维叶　Renouvier
黎曼　Riemann
列维-布留尔　Lévy-Bruhl
列维纳斯　Lévinas
林克　Linke
卢帕斯科　Lupasco
卢瓦尔　Roire

马勒伯朗士　Malebranche
梅理　Meili
蒙田　Montaigne
默奇松　C. Murchison
穆尔格　Mourgue
尼采　Nietzsche
欧几里德　Euclide
帕罗迪　Parodi
帕斯卡尔　Pascal
彭加勒　Poincaré
皮埃隆　Piéron
皮亚杰　Piaget
普拉迪纳　Pradines
普拉特纳　Platner
普勒南　Prenant
普罗泰戈拉　Protagora
萨尔齐　Salzi
塞萨里　Césari
桑德斯　Sanders
舍勒　Scheler

施通普夫　Stumpf
舒曼　Schumann
斯宾诺莎　Spinoza
苏珊娜·梅洛-庞蒂　Suzanne Merleau-Ponty
提奥多尔·F. 杰拉埃　Théodore F. Geraets
图多-哈特　Tudor-Hart
托布勒　Tobler
瓦隆　Wallon
威廉·詹姆斯　Willian James
韦特海默　Wertheimer
韦伯　Weber
维克多·库赞　Victor Cousin
夏尔·赛吕　Charles Serrus
休谟　Hume
杨施　Jaensch
伊波利特　Hyppolite
芝诺　Zénon

# 译 后 记

此书收集的《关于知觉的本性的研究计划》《知觉的本性》以及《知觉的首要性及其哲学结论》都是梅洛-庞蒂集中处理知觉问题的文本。《关于知觉的本性的研究计划》写于1933年，此时梅洛-庞蒂在博韦中学教书。凭借这一计划，梅洛-庞蒂在1934年获得国家科学基金的资助。《知觉的本性》就在这一年写成。而《知觉的首要性及其哲学结论》这场讲座举办于1946年，在此之前的那一年（1945年），梅洛-庞蒂凭借《知觉现象学》被授予文学博士学位，并成为了里昂大学的讲师。从时间和主题上来看，《关于知觉的本性的研究计划》和《知觉的本性》可以被视为《知觉现象学》的"前言"，《知觉的首要性及其哲学结论》可以被视为《知觉现象学》的"后记"，但是三个文本有其自身的特点与价值。

《关于知觉的本性的研究计划》是一份研究资助申请书。在其中，梅洛-庞蒂提出用神经学、实验心理学、精神病理学的研究成果，尤其是关于本己身体知觉的研究成果，以及英美实在论者哲学的研究成果，来颠覆既有通行的知觉理论，如批判主义影响下的传统哲学和传统心理学的理智主义。《知觉的本性》则相当于一份中期考核报告。梅洛-庞蒂在其中具体提到了对儿童心理学和格式塔学派的考量。梅洛-庞蒂试图从神经系统生理学和精神病理学中找到对感性认识与理智之间关系的阐述,但这些研究或者不足以提供清晰的证据,或者只能基于或止步于一些假设。而关于知觉的正常心理学则充满了各种哲学预设,这使得对知觉心理学基本概念做出哲学的阐明和澄清显得尤为必要。梅洛-庞蒂想通过现象学的进路做出这种阐明和澄清。他认为,胡塞尔通过一种不同于批判主义的先验方法,试图给心理学带来革新,而这种革新也实际上正在发生。但在这一阶段梅洛-庞蒂主要精力放在格式塔心理学上,所以这一方面的梳理和反思占了这篇报告最大的篇幅。这是因为,在梅洛-庞蒂最关切的问题——感性认识与理智之间关系的问题——上,格式塔心理学带来最大的启发。与理智主义把知觉的"质料"和"形式"相区分的做法相异,格式塔心理学强调知觉元素的整体性和融合性,这一点通过有关知觉客体的形成、空间与运动的知觉以及儿童知觉的实验研究成果得到证明。这些成果足以颠覆人们之前对知觉的固有观念,它们所带来的理论后果,尤其是哲学方面的理论后果,是亟需被清理出来的。这就构成了梅洛-庞蒂旨在完成的计划。

因此,这两个文本给我们展示了梅洛-庞蒂对知觉问题的思考的出发点以及他早期的思考所受到的影响。在梅洛-庞蒂提到的众多学科和流派中,格式塔心理学和胡塞尔的现象学给他带来的影响是最大的。格式塔学派强调人类经验的组织性,即我们的知觉不是被分为彼此分割的单元,而是一个有组织有结构的整体,每一个要素的意义都取决于它与整体之间的关系。这一点使梅洛-庞蒂看到对传统知觉观念做出改造的必要性。而胡塞尔的现象学,尤其是《观念二》的构成理论,帮助梅洛-庞蒂以一种身体性的主体为基础来重新思考知觉经验中的主客体关系以及交互主体关系。

关于格式塔心理学和现象学的对照反思，不得不提的是对梅洛-庞蒂影响甚大的一位关键人物，就是在《知觉的本性》中被提到数次的古尔维奇。在巴黎高师读书时（20世纪20年代晚期），梅洛-庞蒂参加了古尔维奇关于现象学的讲座，并很可能在此影响下参加了1929年胡塞尔在巴黎的讲座。在20世纪30年代中晚期梅洛-庞蒂在巴黎高师做教师资格考试辅导老师的时候，参加了古尔维奇关于格式塔心理学的讲座。古尔维奇对胡塞尔的意向性理论、知觉理论和自我学的阐释，对现象学和心理学的地位与关系的思考，对格式塔心理学中蕴含的哲学变革的潜能的察觉，都在梅洛-庞蒂的著作中留有很深的烙印。梅洛-庞蒂后期对古尔维奇的批评——这些批评集中在意识体验的统一性、本质的方法以及现象学的贡献和困境等问题上——构成了前者思想转向的一个重要动机。这是后话。

梅洛-庞蒂对格式塔心理学和现象学的知觉理论的思考并不止步于对它们的借鉴和综合。我们在本书最后一个文本《知觉的首要性及其哲学结论》中看到，梅洛-庞蒂在对新的知觉概念的一贯坚持中，试图对胡塞尔现象学和格式塔心理学进行反思和超越。梅洛-庞蒂把知觉的确定性放在比观念的确定性（绝然的明见性）更为首要、更为基础的位置，因为理智主义的知觉理论并不符合知觉本来的面貌。与理智主义所主张的相反，梅洛-庞蒂认为，被知觉的客体并不是一个被理智地把握的观念统一体，被知觉的世界也并不是一个数学或物理学意义上的由某种法则统摄一切的客体,它是可被知觉的事物的总和,这些事物在经验(或说体验)之中呈现出具有实在性的事物本身的面貌,这——而不是如理智主义所认为的观念的普遍性——构成了知觉的主体间客观性乃至主体间性本身的基础。这应该是《知觉现象学》最核心的一些命题。人们针对这些命题提出了一些问题:知觉作为一种意识行为,赋予其一种基础性和实在性的意义是否恰当?对知觉本身的悖论性和非反思性的强调,是否会损害心理学的科学性和哲学的逻辑性?梅洛-庞蒂对这两个问题做出了精彩的回答,并澄清知觉首要性的真正意涵:"在其中,各种事物、各种真理、各种善业是为了我们而被构造的,这种经验给我们提供了一种初生状态的逻各斯,它脱离任何的独断论而给我们指出客观性本身的各种真实条件,并且让我们想起认识的和行动的各种任务。"在报告最后,梅洛-庞蒂对知觉的首要性在道德和宗教方面会产生的理论后果做出了大致的展望。之后,就进入了与法兰西学院来自各个领域的专家的讨论。布雷耶针对知觉的首要性主张对理性主义的颠倒所带来的可能困难提出更具体深入的问题;勒努瓦对梅洛-庞蒂报告中的实在论倾向提出疑问;卢帕斯科用数学理论构建的例子来质疑知觉的首要性;萨尔齐提出知觉的首要性可能具有的三种含义并一一做出反驳;卢瓦尔夫人、普勒南夫人、塞萨里的发言围绕的是知觉与其它学科尤其是科学学科之间的关系问题;伊波利特质疑的是梅洛-庞蒂对知觉的描述是否能导向他所说的哲学结论,他也提出反思与非反思之间的关系的问题;波弗雷为梅洛-庞蒂的现象学视角辩护,并认为梅洛-庞蒂在现象学上不够彻底。最后,主持人帕罗迪邀请梅洛-庞蒂总结观点,并结束了精彩的讨论。

所以,《知觉的首要性及其哲学结论》的独特价值在于展示出一个对话的场域,在其中,梅洛-庞蒂与胡塞尔、与格式塔学派对话,与《知觉现象学》的批评者们对话,与不同流派、不同领域的哲学家、心理学家甚至科学家对话。这种跨流派跨学科的思想的碰撞交融,是梅洛-庞蒂的思想的一大特色。随着对梅洛-庞蒂的研究在欧洲大陆哲学的继续深入以及在英美国家如火如荼的发展,对这一文本的深入研读愈显必要。对知觉的首要性及其哲学结论的多角度、多层次的思考,是一项未竟的任务;梅洛-庞蒂的猝然离世使人扼腕遗憾,这也呼召未来的学者在这项任务上继续前行。

当我从杨大春老师处接到这本书的翻译任务时,我实在是诚惶诚恐。首先,我并不是梅洛-庞蒂的专家,对他的思想肯定有把握不到位之处;第二,中文译本有珠玉在前,王东亮老师的译本之流畅优美,实难超越;第三,我正处于孕期,完成时间很难保证。尽管有这样那样的顾虑,但是杨老师仍然把此任务交托于我,足见杨老师之宽宏信任。

我原本以为这只是一本小册子,很快可以完工,但真正翻译起来,才发现自己的乐观天真。首先,梅洛-庞蒂的语言表达本身并不易懂;再者,书中涉及比较多专业术语(而且是法国现象学著作中不常见的心理学和神经科学术语);并且,梅洛-庞蒂的论证常常不是一目了然。再加上我自身的能力局限,翻译的过程甚是坎坷,翻译出来的成果也不尽如人意。

幸好,有杨老师做我翻译工作的坚强后盾。他给我留了相当充足的时间,一再给我宽限。他也通过细致入微、一丝不苟的校对工作,改正了我译文中大大小小的错误,实有点石成金之效。但正如杨老师在总序中所说,梅洛-庞蒂著作集的翻译工作体量大、难度高,我们欢迎专家学者和读者朋友提出批评建议,使译本更加完善。

在此我也感谢杨老师门下学生组织的读书会成员陈挺、董梦璠、吴清鉴、滕星妤、董玉、陈昌媛、俞雪莲(排名不分先后),你们的细读校正工作对本书的翻译也提供了很有价值的帮助。谢谢你们。

余君芷<br>2022 年 5 月 26 日<br>于合肥耘心阁

图书在版编目(CIP)数据

梅洛-庞蒂文集. 第 10 卷, 知觉的首要性及其哲学结论/(法)梅洛-庞蒂著;余君芷译. —北京:商务印书馆,2023
ISBN 978-7-100-22625-7

Ⅰ. ①梅⋯  Ⅱ. ①梅⋯ ②余⋯  Ⅲ. ①社会科学－文集  Ⅳ. ①C53

中国国家版本馆 CIP 数据核字(2023)第 117541 号

**权利保留,侵权必究。**

梅洛-庞蒂文集
第 10 卷
**知觉的首要性及其哲学结论**
余君芷 译
杨大春 校

商 务 印 书 馆 出 版
(北京王府井大街 36 号 邮政编码 100710)
商 务 印 书 馆 发 行
北京通州皇家印刷厂印刷
ISBN 978-7-100-22625-7

2023 年 8 月第 1 版　　　　开本 710×1000　1/16
2023 年 8 月北京第 1 次印刷　印张 5½
定价:55.00 元